Katja Edelmann

Glücksorte in und um Speyer

Fahr hin & werd glücklich

Dieses
Glücksbuch
ist für

Liebe Glücksuchende,

als ich vor 25 Jahren aus Sachsen in die Welt zog, kam ich zuerst an den Rhein bei Köln. Von der rheinischen Frohnatur wurde ich herzlich aufgenommen. Ich versprach wiederzukommen, zog weiter durch Deutschland und ein bisschen Europa. In Osnabrück machte mir meine österreichische, gern weltenbummelnde Freundin Speyer als „internationales Dorf" schmackhaft. Alla hopp! So saß ich vor 10 Jahren im Spätherbst erstmals unter Palmen vor dem Altpörtel in der Sonne, beobachtete die Speyerer und wusste: Hier bleibe ich. Wo es mediterran, gesprächig, offen ist.

In einer der ältesten und wärmsten Städte Deutschlands kommt man dem Glück von oben, von unten und bei *Esse un Dringge* auf die Spur. Hier gibt es alten Römerwein und frisches Gemüse. Hier gibt es historische Gemäuer der Weltkultur und junge Kreative, die ein bisschen entstauben. Ob auf dem Altrhein, *uff de Gass* oder im Industriehof – hier wird geschwätzt und geteilt mit Freunden und Fremden. Hier bleibt man gern – und fast nie allein.

Probiert's aus!

Ihre Katja Edelmann

Deine Glücksorte ...

... noch mehr Glück für dich

An Speyers Haustür

Aussicht vom Altpörtel

Eines der höchsten – und schönsten – gotischen Stadttore Deutschlands begrüßt den Ankömmling von Westen am Speyerer Postplatz. Ob beim ersten Mal oder jeden Tag: Am 55 Meter hohen Alten Portal – Altpörtel – kann man sich selbst als Einheimischer nicht sattsehen. Kommt man abends im Dunkeln aus der Weinstube, leuchtet das Altpörtel zur Orientierung und Bewunderung. Zwei goldene Ziffernblätter der übereinander angeordneten Turmuhren bringen das mittelalterliche Schmuckstück noch mehr zum Glänzen. Dabei muss man sich an die frühere Form der Uhrzeitübermittlung gewöhnen: Das obere, größere Ziffernblatt mit nur einem Zeiger misst die Stunden, das darunterliegende, kleinere die Viertelstunden. Denn: Im Mittelalter maß man das Leben in Stunden, die Minuten waren weniger relevant. Auch heute ticken die Uhren in Speyer gemütlich: Auf die Minute kommt es nicht an, wenn man im Angesicht des Altpörtels beim Latte Macchiato im Café Maximilian oder im Amalie Genusskult sitzt und die vorbeischlendernden Unbekannten beobachtet und die Bekannten begrüßt.

TIPP

Wer noch höher hinaus will: Der 100-Meter-Turmaufstieg ist ab und zu in der Gedächtniskirche möglich.

Das Highlight ist es, die 154 modernen Stufen hinaufzusteigen und Speyer bis zum Pfälzer- und zum Odenwald im 360-Grad-Rundblick zu erfassen, als Hin- und Weggucker zu bestaunen! Doch bevor man auf die Rundumgalerie gelangt, muss man sich durch einige Jahrhunderte Stadtgeschichte emporarbeiten. So kommt man körperlich und kunsthistorisch nicht aus der Puste. Auf der ersten Ebene erzählen Bilder von mittelalterlichen Stadtbefestigungen. Eine Treppe höher wartet das Hochzeitszimmer. In den oberen Etagen erfährt man von Speyer als historischem Ort der Protestation (Reichstag 1529) und des Reichskammergerichts (1527–1689), dessen Verfahren „auf die lange Bank geschoben wurden". Wenn es aber um die Bewahrung der „Speyerer Haustür" geht, sind die *Speymer* (wie die Einheimischen sich selbst nennen) ganz flink: In den 1960er-Jahren retteten sie durch Protest, Spenden und gar Tanzen ihr Altpörtel vor dem geplanten Abriss. Welch ein Glück!

- Altpörtel, Maximilianstraße 54, 67346 Speyer (Führung über Tourist-Information) www.speyer.de
- ÖPNV: Bus 507, 562, 563, 564, 565, 568, 572, Haltestelle Postplatz

Blumen

Isla de Lewwerworscht

Kanufahren & Co. bei Naturspur Otterstadt

Wie tief ist der Altrhein? Aus welchen Zweigen kann man Körbe flechten? Was braucht man zum Feuermachen? Ob zu Wasser, zu Lande oder in der Luft: Bei Naturspur in Otterstadt kann jeder jederzeit in seinem natürlichen Element sein. Bienen laben sich am Nektar der Lindenblüten. 3-Jährige erklimmen im Gleichgewicht tänzelnd den Sandhügel im Matschgarten. 6-Jährige keltern Apfelsaft. 8-Jährige hämmern und sägen an den Hütten auf der Spielbaustelle. Eine Schulklasse backt Pizza im Lehmofen. Jugendliche bauen Nistkästen und Betriebsausflügler ein Floß. Hier lernt man ohne Frontalunterricht draußen beim Anfassen, Anpacken, Selbermachen. Matsch, Schlamm, Wasser, (Un-)Kräuter, Naschpflanzen, Obst, Gemüse, Bäume, Hügel, Luft und Liebe ersetzen die Spielsachen. Wie in einer alternativen Baumschule wachsen hier auf 9000 Quadratmetern viele Arten von Pflanzen sowie Kinder und Erwachsene über sich hinaus.

Passend dazu hat Naturspur auch am Wasser einen Standort, an dem man sich in ein neues Element begibt: ein Dreier- oder Viererkanu. Am Bootsgelände am Altrhein schlüpft man in Schlappen und Schwimmweste, der Naturspur-Guide gibt Orientierung auf der Piratenlandkarte, man benennt einen Kapitän und trägt die Kanus mit vielen Händen ins Wasser. Beim Einsteigen wird der Boden unter den Füßen wackelig. Das macht aufmerksam, gemeinsinnig und einträchtig mit der Gruppe und dem Altrhein. Probieren geht über Studieren: Nach einigen Experimenten und Kapitänsansagen sticht man mit dem Paddel synchron ins Wasser. Man ist im Flow. Die menschlichen Geräusche werden leiser, geben dem Plätschern des Wassers und dem Schnattern der Wildgänse Raum. Man hat Augen für das grün-bläulich schimmernde Wasser, für Blesshuhn, Gänse und Graureiher und für die Inseln: Soll's der Strand der Leberwurstinsel oder der Kollerinsel sein? Dann volle Armkraft voraus, das Picknick ist das Ziel. Danach schafft man auch die Prüfung zum Kanuführerschein, die Fingerspitzengefühl und Gemeinschaftssinn verlangt. Ziel erreicht, Schiff nicht versenkt!

TIPP

Einen tierischen Hechtsprung kann man hier sehen oder selbst einen ins Wasser machen.

- Naturspur Otterstadt, Speyerer Straße 67a, 67166 Otterstadt
- ÖPNV: Bus 572, Haltestelle Otterstadt Kreuz (Naturspur)

HH

Das ist (doch) mein Bier!

Black Stork Braumanufaktur

Die Pfalz und Speyer sind eine Genussregion südlich des Bieräquators und traditionell ein starkes Weinland. Doch halt! Im 18. und 19. Jahrhundert gab es um die zehn Kleinbrauereien in Speyer. Jedoch schloss 1970 die letzte Schwartz-Storchen-Brauerei und das Brauhaus Anker braute nicht mehr, schenkte nur noch aus (bis heute). 1988 eröffnete glücklicherweise die Domhof-Hausbrauerei, deren kupferfarbene Maisch- und Läuterbottiche man sehen kann. Das ist uns zu wenig, dachten sich drei *Speymer Buwe* und machten aus einer Schnapsidee Wirklichkeit in Bierflaschen: Stephan Doerr, Valentin Leibig und Simon Hien verkaufen seit 2020 ihr eigenes Bier. Nach dem Geschmack der Hobbybierbrauer, die sich seit Kindertagen aus der Josephskirche kennen, sollte das erste Bierbaby auf einen Speyerer Namen getauft werden: *Domwiess!* Das milde, süffige, obergärige Bier ist bestens für den sommerlichen Genuss auf der Speyerer Domwiese geeignet und schlägt geschmacklich die Brücke zum Kölsch. Vom Kellerbier Kaiser Konrad über das helle Bockbier Schokker Bock bis zum Hellen mit Brotanteil namens Fährmanns Vesper sind alle Frischbier-Varianten echte Speyerer Storyteller und tragen Geschichte schon mit ihrem Namen weiter. Auch das Label Black Stork erinnert an die großen Speyerer Brauereien.

TIPP

Die Holystoner Brauwerkstatt bietet ebenfalls handgemachtes Bier, Braukurse und Biertasting.

Damit wollen die Inhaber, eigentlich Lebensmittelkontrolleur, Koch und Elektrotechniker, die jahrhundertelange Speyerer Biervielfalt zurückholen – und zwar im Garage-Style, unfiltriert und ungeschminkt. Bei Biertastings, Braukursen und Gruppenevents kann man das Bier kennenlernen. Ansonsten fungiert eine echte Garage als Probier-, Verkaufs- und Glücksort: In der kleinen, coolen Industriehof-Halle 1 K hat das Black-Stork-Trio die historischen Wände freigelegt, einen riesigen Kühlschrank installiert und die vielleicht kürzeste Theke der Welt gebaut. Hier wird der Donnerstag zum Festtag, wenn man in der Biergarage beraten wird oder sich bei Rockmusik mit einem Feierabendbier belohnt.

- Black Stork Braumanufaktur, Halle 1 K, Industriehof Speyer, Franz-Kirrmeier-Straße 19, 67346 Speyer
www.blackstork-braumanufaktur.de
- ÖPNV: Bus 567, Haltestelle Franz-Kirrmeier-Straße

– BLACK STORK –
DOMWIESS
FRISCHBIER
0,33 l

Im Storchengang

Die Kneipp-Gesundheitsanlage

Mit 23 Hitzetagen ist Speyer die heißeste Stadt Deutschlands. Das gab 2021 ein Versicherungsverband bekannt. Was tun bei Temperaturen über 30 Grad Celsius? Entweder fliehen die Speyerer dann gern in den dichten, kühlen Pfälzerwald, baden in einem der Weiher ringsherum oder trinken eine eiskalte Weinschorle. Die schnellste und gesündeste Abkühlung aber erfahren Waden und Unterarme im berühmtesten Wasserbecken der Stadt: der Kneipp-Gesundheitsanlage. Seit 1985 liegt sie nahe der Josephskirche in der westlichen Vorstadt. Die efeuberankten Sandsteinmauern und die üppig gewachsenen Bäume drum herum spenden Schatten und machen aus der gepflegten Anlage eine kleine Oase mitten in der Stadt.

Also: Schuhe runter! Hosenbeine hoch! Zehen spitzen! Hinein in das erstaunlich kühle Nass, das der flirrend heißen Luft trotzt. Wer auf den Spuren von Sebastian Kneipp wandeln will (seine Büste steht zur Erinnerung daneben), folgt den Anweisungen für das Arm- oder Fußbad auf dem Schild. Die Vögel in den Bäumen zwitschern einem ermutigend zu, während man Knie rechts hoch, Knie links hoch durch die ein paar Meter lange Bahn kneippt, dann wendet und auf der anderen Bahn wieder zurückwatet. Man spürt, wie das Blut fröhlich durch die Venen pulsiert. Die Lebensgeister durchströmen den Körper beinaufwärts. Nach zwei, drei Runden im Storchengang kribbeln oder ziehen Füße und Waden als Zeichen dafür, dass sie genug gekühlt sind. Man steigt gemütlich die Treppenstufen aus dem Becken hinaus, streift das Wasser ab und läuft sich auf den angenehmen Steinen um das Becken herum wieder warm. Wer das Armbad gemacht hat, schwingt die kühlen Arme durch die warme Luft. Wie frisch geduscht fühlt man sich danach. Die Bänke neben der Anlage laden dazu ein, sich Zeit beim Schuhanziehen zu lassen, den Licht- und Schattenpunkten auf der Wasserfläche beim Tanzen zuzusehen oder zu warten, bis alte Bekannte oder neue Freunde dazukommen und die Abkühlung auf einen Schwatz miteinander teilen. Speyerer Gemütlichkeit bei 38 Grad Außentemperatur!

TIPP

Mitglied im Kneipp-Verein Speyer werden.

- Kneipp-Anlage, kleiner Weg zwischen Josephskirche und Mühlturmstraße, 67346 Speyer, www.kneipp-verein-speyer.de
- ÖPNV: Bus 507, 562, 563, 564, 565, 568, 572, Haltestelle Postplatz

KNEIPP

Sag's durch die Blume

Blatt & Blüte Lingenfeld

Silke Quinten und ihr Floristikteam gehören zum Lingenfelder Lauf der Jahres- und Lebenszeiten. Sie sind dabei, wenn das junge Paar aus der Siedlung heiratet, der Familienvater seiner Frau (nicht nur zum Muttertag) ein Dankeschön schenken will oder ein älterer Lingenfelder auf dem Friedhof nebenan beerdigt wird. Liebe-, würde- und kunstvoll suchen sie zu jeder Jahreszeit und für jede Lebenssituation Blumen aus, die die passenden Emotionen freisetzen: Luftig gebundene gelb-weiße Kamillenblüten entfalten Tiefenentspannung zum Muttertag. Roséfarbene Rosen mit mintgrünen Frühlingsblättern sprudeln vor Liebe und Freude zur Hochzeit. Lila Wicken, Orchideen und Allium im Urnenkranz verabschieden das Leben in Würde und Frieden. Dabei muten die frischen saisonalen Sträuße aus frühlingshafter Hyazinthe mit Pfefferminzblättern, aus frühsommerlicher Pfingstrose mit Eukalyptusblättern oder aus herbstlichen Dahlien mit getrockneten Zweigen so an, als stünden sie perfekt komponiert und duftend in der Natur. Wer wird wohl der oder die Schönste sein? Wer darf mit, um einem Zuhause neues Hygge-Gefühl einzuhauchen oder beim Verschenken das Herz des Lieblingsmenschen zu erobern?

TIPP

Im Schmitthof nebenan bekommt man frisches Obst, Gemüse und Freilandeier von glücklichen Hühnern.

Zu den pastelligen oder bunten Blatt-und-Blüte-Werkstücken gesellen sich im zarten, stilvollen Blumenladen am Ortseingang von Lingenfeld farbige Vasen, überraschende Papeterie, kuschelige Decken, duftende Kerzen und kleine Mitbringsel für Freundinnen und Freunde. Sonderwünsche lesen die Blumenkünstlerinnen den Kundinnen gern von den Augen ab und verwirklichen sie umgehend. Trotz der Warteschlange am Samstag oder vor blumigen Feiertagen nimmt sich Team alle Zeit der Welt, um in Ruhe zu beraten, zu binden und auch kurz zu *babbeln*. (Alternativ kann man Blumen online vorbestellen, abholen oder liefern lassen.) Man spricht über die Kinder oder die Rente, über Haarkränze oder Blütenkonfetti. Nicht-Lingenfelder fühlen sich hier „eingemeindet". Und beim Rausgehen strahlen alle so wie das Blatt oder die Blüte, die sie gerade gekauft haben.

- Blatt & Blüte, Schwegenheimer Straße 2, 67360 Lingenfeld, Tel. (0 63 44) 50 88 25 www.blattundbluete.de
- ÖPNV: Bus 572, 590, Haltestelle Lingenfeld Siedlung; S2, S3, S4, Haltestelle Lingenfeld

Convallaria majalis

10-Minuten-Kreuzfahrt

Speyerer Altrheinfähre in Berghausen

Zu einer schönen Stadt am Rhein gehört auch eine schöne Fähre. Diese findet man im Speyerer Süden am Berghäuser Altrhein im Sommerhalbjahr freitags, samstags und sonntags. Am Parkplatz am Anleger Alte Rheinhäuser Fähre begrüßt der hochgewachsene Rheinauwald aus Eschen, Pappeln, Eichen und Ahorn Naturliebhaber an Wasser und an Land. Der Abfahrtsort der Fähre liegt am Ende eines ruhigen Altrheinarmes, wo Wasservögel ihre Bahnen ziehen. Durch die Bäume hindurch blickt man in Richtung des versteckten Fähranlegers: Kleine Farbtupfer blitzen durch das Grün. Die Neptun ist also da.

An Bord dieser fröhlichen, kleinen Fähre geht man gerne zu Fuß, im Rollstuhl oder mit dem Fahrrad: Man grüßt und bezahlt beim Kapitän, der mit den Stadtwerken Speyer die kurze Verbindung übers Wasser aufrechterhält. Der Fährmann ist die Ruhe selbst – und ein guter Gastgeber: Neben seiner Kapitänskajüte steht ein Kühlschrank mit allerlei Kurz- und Kaltgetränken, die man in den 10-Minuten-Spritztouren trinken kann. Wohlfühlatmosphäre für wenige wertvolle Minuten, in denen man sich vom Wasser tragen lässt.

TIPP
Von der Anlegestelle eine kleine oder große Runde auf dem Auwald-Weg spazieren.

Die Neptun tuckert los, vorbei an schlafenden Schwänen, chillenden Enten oder schnatternden Gänsen am schlammig-schönen Altrheinufer. Wenige Meter entfernt nimmt man Abschied von Natur und Langsamkeit und biegt in den „großen" Rhein ein. Gerade, schnell und lang fließt der Verkehrsfluss, der vor 200 Jahren begradigt wurde. Eine andere spannende Welt eröffnet sich beim Anblick der Frachtschiffe, die Güter von der Schweiz in die Niederlande befördern. Man atmet die frische Brise ein und erinnert sich an den letzten Urlaub am Meer. Neben und zwischen den großen Kähnen navigiert die Neptun gekonnt zum anderen Ufer. Schön, sicher und alle 30 Minuten erreicht man Oberhausen in Baden-Württemberg, so wie es Einheimische, Pendler und Besucher erstmals 1926 an der Flussbrücke getan haben. 1995 wurde die historische Fährverbindung wiederbelebt. Und genauso fühlt man sich auch nach der Überfahrt.

● Altrheinfähre Neptun, Anlegestelle Abzweig Industriestraße Höhe G+H Isover, 67346 Speyer

Gute Plane, guter Plan

Schulmanufaktur der Burgfeldschule

Zeig mir deine Tasche, und ich sag dir, wer du bist! Der Spruch lässt sich prima für die Schulmanufaktur der Burgfeldschule umdichten. Hier findet jeder die passende Tasche, die wie eine Freundin durchs Leben begleitet: Vielleicht das rot-weiß gepunktete Kosmetiktäschchen aus Wachstuch? Oder der Shopper mit fruchtigem Kirsch- oder Peperoni-Print zum Wenden? Oder die Umhängetasche mit dem leuchtenden Altpörtel aus gebrauchten Speyerer Werbeplanen? Jede Tasche, jedes Kirschkernkissen, jedes Knuddelherz ist ein Statement, ein Unikat sowieso. Mit ihrem Näh- und Verkaufstalent stecken die Schülerinnen und Schüler der Näh-AG jeden in die Tasche! Wenn am Dienstagnachmittag Nähmaschinenrattern aus dem Obergeschoss zu hören ist, sind Eugenia, Ketrin oder Emily in ihrem kreativen Element. Kein Wunder: Der Nachwuchs wird von der Stoffauswahl über das Schnittmuster bis zum Steppstich fröhlich angeleitet von Monika Hoff und Monika Garrecht. Als Nicht-(mehr-)Lehrerinnen vergeben die Ehrenamtlichen statt Noten Herzenswärme und Empowerment. Die fleißige Handwerkerjugend näht, sägt oder bastelt in der Näh- und Holzwerkstatt Accessoires für echte Speyerer Kundschaft, an die sie auf Märkten verkauft werden. Ob Brezel-Taschen beim Bauernmarkt, aus Fahrradreifen recycelte Schlüsselanhänger beim Wochenmarkt am Berliner Platz oder Holzwichtel beim Kunsthandwerkermarkt im adventlichen Rathaus-Innenhof: Was die Schüler anbieten, wird ihnen aus den Händen gerissen. Neben Erfahrung und Selbstbewusstsein für die Youngster ist die Schulmanufaktur auch für die Stadt Speyer ein Gewinn: Ausgediente Werbeplanen mit Botschaften vom Salierjahr 2011 bis zum Weihnachtsmarkt 2022 werden unter dem Label StückWERK wiederverwendet statt weggeschmissen. Mit den Erlösen füllt die Schulmanufaktur jedoch nicht ihre eigenen Taschen, sondern die Spendentöpfe von Dombauverein oder Schaustellerverband. Wer noch kein Schülerprodukt made in Speyer besitzt, kann den Kauf direkt in der Burgfeldschule (über das Sekretariat) nachholen.

TIPP

Weitere Verkaufsstellen der Schulmanufaktur: Messerschmiede Preuß und Tourist-Information.

● Schulmanufaktur der Burgfeldschule, Josef-Schmitt-Straße 30, 67346 Speyer, Tel. (0 62 32) 14 17 40
www.burgfeldschule-speyer.de/schulmanufaktur
● ÖPNV: Bus 563, 569, Haltestelle Burgfeldschule

Ruhe und Frieden

Im Adenauerpark

Das Grün breitet zu jeder Jahreszeit seine Farbpalette aus. Jahrzehntealte, ehrwürdige Nadel- und Laubbäume stehen einträchtig neben verworrenen Büschen. Diese ragen wie das Moos über verwitterte Grabsteine des ehemaligen Alten Friedhofs von Speyer im Adenauerpark. Der schönste Park von Speyer liegt etwas unscheinbar abseits der Touristenströme, geschützt durch eine Mauer und in unmittelbarer Nähe des Bahnhofs. Vielleicht ist sein Standort das Geheimnis dafür, dass er so verwunschen und eingebettet zwischen Seerosenteich, Frühblüherwiesen und der gotischen Kapelle bleiben darf. Der Park mutet wie ein perfekt komponiertes Landschaftsgemälde an: Die Hoheit haben mächtige Griechische Tannen, Orangenkirschen, Japanische Schnurbäume und Zimtahorn. Kleine Schildchen erzählen über ihre botanische Herkunft. Im Frühjahr sind ihre hellen, neuen Baumtriebe der Bote für den Neuanfang, auf den gelbe, blaue und rote Farbtupfer der Frühblüher auf dem Rasen und in den Blumenrabatten einstimmen. Während verstorbene Speyerer hier in ewigem Frieden ruhen (so zum Beispiel die Mitglieder des Speyerer Domkapitels), finden die Anwohner im Adenauerpark auch zu Lebzeiten ihre Ruhe: Freundinnen picknicken im Gras. Ältere schieben ihren Rollator auf den gepflegten Wegen durch den Adenauerpark und schnappen frische Luft. Kinder tollen auf dem kleinen, feinen Spielplatz herum. Wer will sich schon den Duft des Frühlings oder den kühlen Schatten unter den Baumkronen entgehen lassen?
Wer sein Gleichgewicht wiederfinden möchte, nimmt auf der Hollywoodschaukel Platz, atmet tief ein, lässt die Beine baumeln und fünfe gerade sein. Von der natürlichen verwunschenen Leichtigkeit hat der Adenauerpark auch nichts eingebüßt, seit 2017 das Grab von Altkanzler Helmut Kohl seinen Platz in Nachbarschaft zu Grabmalen von Priestern, Bischöfen, Dichtern und Denkern eingenommen hat. Die Besucherströme sind abgeflaut, das Grab eingezäunt. Bäume wachsen, Vöglein zwitschern und die Speyerer von jung bis alt erholen sich wie eh und je im friedlichen Park neben der Friedenskirche St. Bernhard.

- Adenauerpark, Ecke Bahnhofstraße/Beethovenstraße, 67346 Speyer
- ÖPNV: Bus 564, 565, 566, 567, 569, 572, Haltestelle Bahnhofsvorplatz

Weinreise

Blumige Weinlounge Berzelhof und andere Weinbars

Wenn Düsseldorf die längste Biertheke der Welt hat, gibt es in Speyer vielleicht die längste Weintheke? Zumindest ist die Dichte der Weinstuben, Weinbars und Vinotheken pro Einwohner recht hoch. Schon beim Ambiente hat man die Wahl zwischen gemütlichem Sitzen oder Stehen *uff de Gass,* zwischen Eiche rustikal oder cleanem Chic, bei den Speisen zwischen Wurstsalat mit süffigem *Pälzer Woi* oder mediterranem Saumagen mit Sauvignon Blanc. Auf 1 Quadratkilometer Innenstadt findet man die schönen Speyerer Etablissements, in denen man mit alten und neuen Freunden *dringge, babble un lache* kann, mit lustigen bis verführerischen Namen wie Narrenstübchen, Eulenspiegel, Schwarzamsel, WeinWunderBar, Rabennest, Zwischen den Engeln oder Café Plüsch.

TIPP

Im Berzelhof französische Pâtisserie von Daniel Rebert aus dem Elsass probieren.

Ein junger Vertreter der Weinbars ist 2022 in den malerischen Berzelhof eingezogen. Wenige Meter vom Dom entfernt in Richtung Sonnenbrücke hat das Weingut Weegmüller aus Neustadt den alten, warmen Sandsteinmauern neues (Nacht-)Leben eingehaucht. Die genussfreudige Kundschaft liebt modernen Lifestyle, verknüpft mit dem traditionellen, natürlichen Ambiente des 2015 renovierten Berzelhofs. Dank Alexandra Remus grünt und duftet es auf der Terrasse im Hof und nebenan in ihrem Floristiklädchen, wo volle Tulpen und satte Anemonen die Sinne der Besucher betören. Weniger ist mehr in der Weinlounge. Tische in Holzoptik sind kombiniert mit Sitzmöbeln in Erdtönen und Lampen in schwarzem Industriedesign. Alles glänzt. Das Auge trinkt mit. „Der Mund kostet Geheimnisse" in schönen Weingläsern. Sie enthalten die trinkbare Sonne sowie Früchte und Aromen der Pfalz in Riesling, Weißem Burgunder oder Cuvée Rosé. Doch auch die leckersten Spitzenweine & Co. aus Europa hat der Weinhandel Vinox79 aus den Regionen Bordeaux, Toskana oder dem Priorat nach Speyer geholt. Was könnte dazu besser passen als ein Elsässer oder veganer Flammkuchen sowie eine Platte mit Käse oder exquisiten Küchlein, natürlich vom lokalen Lieferanten? Speyer verwöhnt! Savoir-vivre à Spire!

- Berzelhof Weinlounge mit Blumen von Alexandra Remus, Tränkgasse 1a, 67346 Speyer, www.berzelhof-weinlounge.de, www.alexandraremus.de
- ÖPNV: Bus 564, 565, 568, 717, Haltestelle Domplatz

BERZELHOF
B
WEINLOUNGE

Danke fürs Spargelstechen

Spargelspaziergang rund um Dudenhofen

Die letzten Jahre haben den Menschen die Augen dafür geöffnet, dass das Gute oft so nah liegt: Vor der Speyerer Haustür tun sich nicht nur Rheinland und Weinland auf, sondern auch das Spargelland. Die sandigen Böden am Oberrheinufer sind ideal für das weiße und grüne Königsgemüse. Eines der bekanntesten Spargeldörfer ist Dudenhofen. Anfang Juni wird hier das Spargelfest gefeiert. An der Landauer Straße erinnert ganzjährig die gemütliche Spargelfrau, eine Sandsteinskulptur, mit ihrem Körbchen an die reiche Ernte in Dudenhofen.

Dem mineral- und vitaminreichen Gemüse kann man schon vor dem Stechen bei einem kleinen Spaziergang rund um die Spargelfelder zwischen Speyer und Dudenhofen huldigen. Der Speyerbach ist ein guter Tourguide: So startet man die Flanier- oder Sportstrecke am besten am Judomaxx. Entlang des Speyerbachs schlendert, walkt oder joggt man in westlicher Richtung unter der Brücke hindurch und hinaus ins Freie bis zum Spielplatz am Ortseingang von Dudenhofen. Im Januar und Februar sind die Erdwälle mit langen Planen abgedeckt, um jede Minute Sonne zu absorbieren und das Gemüse unterirdisch zum Wachsen zu bringen. Der Wind spielt beeindruckend mit ihnen. Leise und langsam werden erste Frühlingsboten sicht- und spürbar: Die Weidenkätzchen der Salweide am Bachufer strecken ihre Zweige und Knospen in die Sonne, Bienen summen und Vögel zwitschern um die Wette. Das Leben kehrt zurück in die Natur, so auch unter der Erde. Im Verborgenen wachsen aus den Spargelpflanzen mehrere Spargelstangen gen Licht. Im April stechen fleißige Erntehelfer das weiße, unterirdische Gold. Auf dem Rückweg nach Speyer biegt man von der Berghauser Straße in den Landwirtschaftsweg ein, der später über eine Brücke in die Wimphelingstraße im Oberkämmerer führt. In nächster Nähe des Weges kann man den frisch geernteten Spargel im ANDREASHOF, in Zürkers Hofladen, im Spargelhof Beck und im Martinshof kaufen. Oder ihn sonntags beim gemeinschaftlichen Spargelessen in der Festhalle Dudenhofen genießen.

TIPP

In Zürkers Hofladen bekommt man täglich, auch sonntags, frisches Gemüse, Obst, Kräuter oder Eis.

- Spargelspaziergang, Start am Judomaxx, Butenschönstraße 8, 67346 Speyer
- ANDREASHOF – Spargel & Erdbeeren Zürker, 67373 Dudenhofen
- ÖPNV: Bus 561, Haltestelle Holzstraße; Bus 507, 573, Haltestelle Dudenhofen Süd

Bei den Schulbäckerinnen

Inhabergeführte Bäckerei Lenknereit

5.30 Uhr in der Ludwigstraße: Aus Hausnummer 24 strömt ein wohliger Duft auf die Straße, die knarzende Tür der Bäckerei Lenknereit öffnet sich für Frühaufsteher, Schichtarbeiter und schlaflose Nachbarn, die bei Brötchen, Brot, Kuchen und Dampfnudeln auf Qualität „von immer“ setzen. Die Bäckerinnen und Schwestern Lenknereit sind seit Stunden auf den Beinen, sie betreiben eine der letzten inhabergeführten Bäckereien in Speyer. Hier wird einem warm ums Herz, in den Händen und dem Mund. Herzlich wie (Groß-)Mütter bedienen die Lenknereits, gießen Kaffee ein, beraten zum Geschmack von Wikinger- über Luther- bis zum König-Ludwig-Brot und packen süße und salzige Backwaren zum Frühstück ein. Eine morgendliche Sperrstunde für Gespräche gibt es hier zum Glück nicht: Die Bäckermeisterin und ihre Bäckerschwester *schwätze uff Vurderpälzisch* mit jedem, der hereinkommt und kein Morgenmuffel ist. Sie *verzähle* oder schicken Genesungswünsche an die kranke Nachbarin, von der sie erfahren. Und selbst wenn sie nichts sagen, plappert Papagei Loredo munter von hinten aus der Backstube.

2 Stunden später, gegen 7.30 Uhr, beginnt eine zweite Rushhour. Die Kundengruppe ist 6 bis 10 Jahre alt und auf dem Weg zur Zeppelinschule. Erstklässler erbetteln beim bestechenden Bäckereiduft bei Mama oder Papa eine Butterbrezel. Zweitklässler reihen sich in die Schlange um die Ecke ein und bibbern, ob sie vor Schulbeginn noch eine Nussschnecke ergattern können. Dritt- und Viertklässler stolpern gegen 7.55 Uhr herein, um zwei Dauerlutscher und drei Lakritzschnecken aus den bunten Dosen zu angeln.

Bis 14 Uhr sind die Käsebrötchen, Laugencroissants, Brezeln, Brote, Brötchen, Waffeln, Quetsche-, Zwiebel-, Käse- und Streuselkuchen langsam verkauft. Ein Wohlgefühl hat sich in den Bäuchen der kleinen und großen Kunden breitgemacht, bei den Bäckerschwestern Zufriedenheit und Müdigkeit. Die Tür wird zugesperrt, die Vorhänge zugezogen: Die Bäckerinnen legen die Füße kurz hoch vor der dem nächsten Arbeitsbeginn.

TIPP

Wer Bäcker der neuen Generation erleben will, kauft bei den Brotpuristen in der Auestraße.

- Bäckerei Lenknereit, Ludwigstraße 24, 67346 Speyer, Tel. (0 62 32) 7 62 48
- ÖPNV: Bus 562, Haltestelle Salierstraße; Bus 507, 562, 563, 564, 565, 568, 572, Haltestelle Postplatz

Mischbrot
500g 2,00 €
Schweizer Brot
500g 2,00 €
Weißbrot
500g 2,30 €

Unter den Palmen

Palmen und Oleander auf der Maximilianstraße

Wer zum ersten Mal im Leben zwischen Ende April und Oktober auf der Maximilianstraße steht, wähnt sich in mediterranen Landen: Was für Berlin „Unter den Linden" ist, heißt in Speyer unter den Palmen und Oleandern. Prächtige Exemplare der Hanfpalme und des rosarot oder weiß blühenden Oleanders begrünen und verschönern die Flaniermeile, den Postplatz sowie die Nebengassen Heydenreichstraße, Korngasse und den Kultur- und Rathaus-Innenhof. Eine Atmosphäre wie in der Toskana!

Und ein Zeichen: Denn die über 50 Spalier stehenden Pflanzenkübel verkünden Einheimischen und Besuchern den Sommer. Die Pflanzen überwintern in einer Halle und werden von den städtischen Gärtnern erst dann nach draußen geholt, wenn die Eisheiligen vorüber sind und kein Nachtfrost mehr droht. Gegen Mitte oder Ende Oktober sammelt die Abteilung Stadtgrün die Kübel wieder ein. In den fast 6 Monaten im Freien fließt viel Wasser den Rhein hinunter. Länger als in anderen Regionen säumen die sommerlichen Palmen und Oleander die Fußgängerzone zwischen Altpörtel und Dom, machen die Stadt lebendig und die gepflasterte Innenstadtmeile zu einem leicht grünen und beblümten Boulevard. Denn natürlich wachsende Bäume gibt es auf der Speyerer Hauptstraße mit den schön restaurierten Barockhäusern nicht. Für Abkühlung sorgen stattdessen zig Eiscafés, Weinbars und das plätschernde Wasser des St. Georgsbrunnens vor der Alten Münze. Apropos Gewässer: Eigentlich fließt der südliche Arm des Speyerbachs als Gießhübelbach einmal durch die Innenstadt, um am Hafen in den Rhein zu münden. Doch er bleibt meist inkognito und nimmt seinen Weg in einem unterirdischen Rohr unter der Mühlturmstraße, dem Altpörtel und der Maximilianstraße. Sichtbar und offengelegt wird er dort, wo das Ledergässchen sich mit den schmalsten Gassen Speyers von 1,20 Meter, dem Kindergäßchen und Münzgäßchen, trifft. Hier erahnt man, wie er früher Mühlen antrieb und Handwerker ihn nutzten. Am Holzmarkt und Mittelsteg kommt er ans Licht und vereint sich wieder mit dem Woogbach, bevor er in den Rhein mündet.

- Maximilianstraße von Altpörtel bis Dom, 67346 Speyer
- ÖPNV: Bus 564, 565, 568, Haltestelle Maximilianstraße

App durch die Mitte

Digitale Schnitzeljagd mit City&Quest

Für alle, die von Stadtführern gelangweilt sind oder meinen, die Speyerer Innenstadt zu kennen, hat sich Nadja Pentzlin etwas Besonderes einfallen lassen: Die Historikerin hat die City&Quest-Tour entwickelt, eine GPS-gesteuerte Schnitzeljagd durch die Stadt. Man macht sie zu der Tag- oder Nachtzeit, zu der man Lust hat. Damit lockt die App Spielfreunde jeder Generation vom Sofa und führt sie digital zu Spannung, Spaß und Wissen zwischen Römerzeit und Renaissance.

Los geht die Tour nach der digitalen Buchung ganz analog in der Tourist-Information Speyer. Hier erhalten die Mitspieler (gegen Gebühr sowie Pfand) eine pinke Tasche mit Begleitheft und Rätselutensilien: Wofür man die durchsichtige Folie, die laminierten Schlüssel oder den Zollstock wohl braucht? Einfach mal anfangen: Mit einem Klick lädt man die App Actionbound herunter. GPS-Pfeil und Entfernungsangabe auf dem Smartphone leiten Rätselfreunde zur ersten Station an den Dom.

Gefragt ist ein scharfer Blick auf die Figuren und Tiere am Westportal. Die Lösung gibt man bequem in die Felder der App ein. Wer richtig kombiniert, sieht, liest, zählt, misst und aufspürt, kommt voran – mit jeweils 200 Punkten an jeder der zwölf Stationen zwischen Dom, Königsplatz, Gedächtniskirche und Fischmarkt. Rund 4 Kilometer oder 2,5 Stunden lang ist die City&Quest-Tour. So viel sei verraten: Am Königsplatz kommt man ganz schön aus der Puste. An der Gedächtniskirche haben Menschen mit Rot-Grün-Schwäche eine harte Nuss zu knacken. Am Augustinerkloster soll man einen Geheimcode entziffern, am Altpörtel legt man vielleicht direkt eine Kaffeepause ein, um die spätgotischen Maßwerke hoch oben in die richtige Reihenfolge zu bringen. Ein Glück: Wer falsch kombiniert, bekommt Tipps, in welche Ecke er schauen soll, oder kann die Station überspringen. Ob als Familientour, Gruppenevent oder Betriebsausflug – am besten geeignet ist die Tour für zwei bis sechs Personen. Größere Gruppen können sich in zwei Einheiten aufteilen und sich in umgekehrter Reihenfolge voranrätseln. Mal sehen, wer den höchsten Score bekommt!

● City&Quest, Buchung über Website, Start an der Tourist-Information, Maximilianstraße 13, 67346 Speyer, https://cityquest-tour.de
● ÖPNV: Bus 564, 565, 568, Haltestelle Dom/Stadthaus

City&
Quest
Speyer

Eiskönigin

Eismanufaktur Englert & Co.

Speyer ist eine Perle in der deutschen Toskana, wie die Pfalz gerne genannt wird. Was liegt da näher als Italienflair anhand von Namen wie Roma, La Gondola, Mediterraneo, La Piazza, Del Sole oder De Vico? Wenn es um Eiscafés geht, ist Speyer spitze. Neben der Brezelkönigin könnte es auch eine Eiskönigin geben. Denn rund ein Dutzend Einrichtungen der Gelatieri reihen sich wie eine Perlenschnur entlang der Flaniermeile Maximilianstraße und in den umgebenen Gassen auf. Speyer-Besucher und Neu-Speyerer verlieren schnell die Orientierung – und auch langjährige Bewohner und Ur-*Speymer* verpassen manchmal, wenn ein neuer Vertreter aus dem Boden ihrer *Hauptstrooß* schießt. Traditionelle Platzhirsche sind die (Eis-)Cafés Hindenburg und Schlosser mit Anschluss an kühles Brunnenwasser (am St. Georgsbrunnen vor der Alten Münze) und ungehindertem Blick in Richtung Domfassade.

Doch wie ein junges Hirschlein ist seit 2017 die kleine, feine Eismanufaktur Englert in die Herzen der Speyerer gehüpft: In der Korngasse 8, parallel zur Maximilianstraße, stehen die Freunde von natürlichem Eis und kunstvollen Eiscremerollen Schlange – und das, obwohl die coolen Leckereien nur zum Mitnehmen sind. Doch die Qualität macht's möglich: Keine Farb-, Aroma- oder Konservierungsstoffe, stattdessen viel Frucht und kurze Wege. So enthält das (vegane) Erdbeereis zum Beispiel 50 Prozent Erdbeeren vom Lieferanten aus Schifferstadt. Auch dunkles Schokoeis wird ohne Milch hergestellt. Neben den guten Zutaten begeistern auch die Kreationen: Mit seinen Ice Rolls zelebriert der Familienbetrieb Englert auf einer -30 Grad Celsius kalten Platte das Zusammenspiel von Eis, Früchten und Cookies, frisch zerkleinert und vermengt vor dem Kunden, der dies dann als eine Art coolen Crêpe flach ausgebreitet und wieder eingerollt in den Becher zum Schlemmen bekommt. Ob Schoko, Mango oder Karamell: Es wurde geschüttelt – und man ist gerührt.

TIPP

Wer viele Gäste mit Eis verwöhnen will, kann auch eine der spektakulären Englert-Eistorten bestellen.

- Eismanufaktur Englert, Korngasse 8, 67346 Speyer, Tel. (01 74) 7 39 18 52 www.eismanufaktur-englert.com
- ÖPNV: Bus 564, 565, 568, Haltestelle Maximilianstraße oder Dom/Stadthaus

Handwerk

Gründer auf gutem Grund

Co-Working und Events in der RheinVilla

Manchmal dauert es etwas länger, bis Trends im über 2000-jährigen Speyer ankommen. Zum Glück befreit die neue Generation Speyer ein bisschen vom alten Staub. Ein Beispiel dafür ist der Coworking-Space in der RheinVilla, der von Goodspaces betrieben wird: Seit 2021 lassen Digitalarbeiterinnen, Selbstständige und „Homeofficer", denen es zu Hause zu eng oder zu einsam ist, den Gründerzeitspirit der altehrwürdigen Erlus-Villa wieder aufleben. Betriebswirte besprechen, Ingenieurinnen programmieren, Kreative kreieren – jeder zu anderen Themen und Zeiten, aber auf derselben Etage. Wer in Ruhe telefonieren muss, geht in die schalldichte hippe Telefonzelle im Raum. Wer gerade eine Blockade oder keine Lust hat, holt sich ein Getränk oder frisches Obst aus der offenen Küche und lässt den Blick vom Schreibtisch oder Loungesessel einfach durchs Fenster auf den Rhein schweifen. Eine frische Brise für den Kopf!

TIPP

Man kann die RheinVilla auch für eigene Events mieten.

Denn in direkter Nachbarschaft zum Rhein wurde 1890 das denkmalgeschützte Gebäude gebaut und als Direktorenvilla der Alten Ziegelei genutzt. Mit der Planung des neuen Stadtquartiers Am Fluss wurde die Villa vor einigen Jahren saniert und glänzt nun wieder. Typisch Speyer werden historische Schätze bewahrt. In der Inneneinrichtung spielt der Rhein mit: Die offen gelegten hohen Ziegelwände werden am Boden mit echten Kieselsteinen vom Rheinufer in Szene gesetzt. Wer draußen kreativer ist, kann Laptop, Schreibblock und WLAN-Verbindung mit in den Garten nehmen. Dort kann man prima Luft schnappen, quatschen, chillen, Mittagspause machen und sogar die Füße in ein erfrischendes kleines Wasserbassin halten. Zu schade wäre es, wenn dieser Glücksort mit Rheinblick nur den Berufstätigen vorbehalten wäre: So veranstaltet die RheinVilla ab und zu Netzwerk- und Kunstveranstaltungen, Afterwork- und Businesstreffs sowie auch mal einen Flohmarkt, bei denen sich Co-Worker, Kreative und (Jung-)Unternehmerinnen kennenlernen, austauschen und inspirieren (lassen) können. Neuer Gründergeist in alten Mauern!

● RheinVilla Coworking-Space, Hafenstraße 39, 67346 Speyer, Tel. (0 62 32) 8 59 09 10, www.goodspaces.de/speyer/rheinvilla
● ÖPNV: Bus 567, Haltestelle Hafenstraße

CO
WOR
KING

Speyers berühmteste Lehrer

Weltkulturerbe Judenbad

In Speyer haben nicht nur Katholiken und Protestanten Geschichte geschrieben, sondern auch die Juden. Wie ein vergessener Schatz wurde das mittelalterliche Gebäudeensemble aus Mikwe (hebräisch: jüdisches Ritualbad), Synagoge und Frauenschul der jüdischen Gemeinde erst gegen 1999 archäologisch wiederentdeckt und herausgeputzt. Seit 2021 ist es als Teil der drei SchUM-Stätten Neuzugang auf der Liste der UNESCO-Weltkulturerbe. Ja, der Judenhof steht noch etwas im Schatten des Doms, ebenfalls Weltkulturerbe, und versteckt sich ein bisschen. Mit dem schweren Eisentor öffnet sich der Zugang zu einer übersehenen Welt, die Anmut und Demut generiert. Am Eingang zum schönen Innenhof, der mit Oleanderblüten in Rosé gespickt ist, begrüßen die berühmten „Weisen von Speyer" die Besucher. In Form einer Skulptur debattieren die zwei Vertreter der jüdischen Lehre in Mitteleuropa miteinander, und zwar so modern und kritisch, wie man es auch heute noch tun soll: „Glaube nicht alles, was dein Vater dich gelehrt hat", soll im Mittelalter der Vater zum Sohn gesagt haben. Speyer, genannt Schpira, war damals das Zentrum der jüdischen Lehre in Mitteleuropa.

TIPP

Mit der App SchUM-Städte wird jüdische Geschichte lebendig erzählt.

Zum Anfassen nah sind die alten Mauern der Frauenschul und der Talmud-Schule, wo Männer und auch Frauen beteten und Rechnen, Schreiben und Sprachen erlernten. Das Highlight des über 900 Jahre alten Ensembles liegt jedoch unter der Erde: die älteste erhaltene Mikwe Mitteleuropas. Im 9 Grad kalten, fließenden Wasser vollzogen Jüdinnen und Juden ihr rituelles Tauchbad zu vorgegebenen Anlässen. In einer koscheren Backstube in unmittelbarer Nähe säuberten sie sich vorab und wärmten sich auf. Heute ist das Tauchbad den Judenhof-Besuchern vorbehalten. In längst vergangene Zeiten steigt man auf 49 absichtlich schief erhaltenen Stufen hinab, betrachtet die verschieden geformten Steine der Buntsandsteinmauer, die auch in den Dommauern zu finden sind. Gemeinsamkeiten statt Gegensätze – im kleinen Speyer sind sich die Weltreligionen ganz nah.

- Judenhof Speyer, Kleine Pfaffengasse 20/21, 67346 Speyer, Tel. (0 62 32) 29 19 71 www.verkehrsverein-speyer.de/judenhof
- ÖPNV: Bus 564, 565, 568, 717, Haltestelle Domplatz

Schnüffeln und schlürfen

Kaffeeseminar in Schramms Kaffeerösterei

Noch etwas müde sitzen zwei Ehepaare aus dem Badischen, zwei Speyerer Freundinnen, zwei Hessen und ein Kaffeejunkie aus Harthausen an einem Samstagmorgen in der Industriehof-Halle 117. Zum Glück sind sie hier beim Kaffeeseminar: Zum Wachwerden gießt sich jeder eine Tasse frisch gebrühten, nussig-süß-schokoladigen Inshuti-Kaffee aus Ruanda ein. Der Koffeinkick schärft die Sinne: Von oben strömt helles Licht durchs Sheddach, an den Wänden lagern 60-Kilo-Säcke mit fairem Rohkaffee aus Brasilien, Vietnam oder Peru; auf der anderen Seite steht der geheimnisvolle Kaffeeröster. Doch erst mal gibt Referentin und Vorkosterin Uli etwas Nachhilfe in Geschichte, Geografie, Biologie und Chemie der Kaffeepflanze und ihrer kostenbaren Früchte. Sie frischt das Halbwissen über die Kaffeespuren vom Jemen bis in die Kaffeehäuser von Venedig auf. Chef und Röster Kai spickt das Wissen mit Reiseberichten und Fotos aus Peru oder Brasilien. Man lernt Neues über Arabica und Aufbereitung, den Kaffeegürtel und königliche Kaffeeschnüffler.

TIPP

Im Café Alte Rösterei in Box 5 der Halle 45 kann man feine Bohnen kaufen und gemütlich trinken.

Theorie geschafft, zur Pause schnappt man frische Luft vorm Rolltor. Gleich beim Cupping (Verkosten) kommt es auf die Nase an. Auf einem Hochtisch sind sieben von Schramms Kaffeesorten als helle Rohbohne und gerösteter, dunkler Kaffee fein säuberlich neben Gläsern und Löffeln drapiert. Uli ruft die Kaffeefans rund um den Hochtisch. Aber *Obacht*, noch nichts anfassen, nichts vermischen! Präzise wie im Labor erklärt sie, was nun folgt: Bohnen mahlen. Heißes Wasser kreisend auf das Kaffeepulver gießen. Kaffeeschaum abschöpfen. Nase darüber und Aromen erkennen. Einen Löffel Kaffee aufnehmen und auf den eigenen Löffel überführen. Das Beste: schlürfen! Nach sieben Kaffee-Probierstationen haben sich die Geschmacksnerven entschieden, man kennt seinen Lieblingskaffee. Zum Abschluss geht es rüber zu Kai an den Röstautomaten: 15 spannende Minuten verfolgt man die faszinierende Wandlung von 60 Kilo weißen Rohbohnen zu springenden, duftenden Kaffeebohnen. Ein Hoch auf dieses Wundergetränk!

- Schramms Alte Rösterei, Industriehof Halle 45/5, Franz-Kirrmeier-Straße 19, 67346 Speyer, Tel. (0 62 32) 9 90 17 93 www.schramms-kaffee.de
- ÖPNV: Bus 567, Haltestelle Franz-Kirrmeier-Straße

FFEE CUPPING – KAFFEE VERKOSTEN
schramm's
schramm's

Glücksüberströmt

Klanglichtfloating im Binshof Spa

Der Weg zum Wohlfühlglück führt einige Treppenstufen hinunter ins Binshof Day Spa. Hat man an der Rezeption im Lindner Hotel Binshof – einige Kilometer außerhalb von Speyer – eingecheckt, schicken relaxende und wärmende Aufgussdüfte die Gedanken in den Urlaub. Man schlüpft in Bademantel und Badeschlappen. Körper und Seele brauchen Pause – und zwar mit einer Session Klanglichtfloating. Dafür wartet 38 Grad Celsius wohlig warmes Wasser in einem kniehohen Wasserbecken, in dem etwa acht ausgestreckte Personen Platz haben. Wenn man Glück hat, kommt man in den Genuss, im abgedunkelten Raum allein oder zu zweit im Schwebezustand zu verweilen. Apropos Raum: Er hat etwas Großartiges, Behütendes an sich, erinnert an einen Kirchenraum. Akustisch unterstreichen gregorianische Choräle bis klassische Klänge die Atmosphäre. Nebenbei plätschert das einströmende Wasser. Optisch schaffen die schön illuminierten terrakotta-weißen Salzsteine an den Wänden eine Wirkung, als würde Licht durch Kirchenfenster scheinen: Morgens erstrahlen die Wände rot wie die Morgenröte. Wenige Sekunden später färben sie sich sonnengelb bis blattgrün. Einen Moment danach bricht die Abenddämmerung mit bläulichem Schimmer herein. In dieser Kulisse steigt man andächtig die Stufen hinab ins Wasser, mit Badekleidung oder ohne.

TIPP

Spazieren um die Bungalowsiedlung und baden in den Binsfeldseen fühlen sich ebenfalls wie Urlaub an.

Man legt sich mit dem Rücken aufs Salzwasser – und schwebt. Die Haut wird glatt und geschmeidig, manche Flächen bitzeln vom Salz. Mit den Ohren unter Wasser werden Geräusche gedämpft, die Reize des Alltags verblassen, die Last des Körpers und des alltäglichen Ballasts fallen ab. Man streckt Arme und Beine von sich, dreht und wendet sich. Man lässt sich in stoischer Ruhehaltung treiben oder paddelt mit leichten Handbewegungen hin und her. Nach 20 Minuten Floating weiß man von Körper und Seele: Das Wichtige gewinnt wieder Auftrieb. Sauna, Massage oder Schlaf können nun guttun. Wer noch hungrig auf mehr ist, gönnt sich einen mediterranen Abend im Restaurant Noche Mediterranea nebenan.

- Binshof Spa Speyer im Wellnesshotel Lindner, Binshof 1, 67346 Speyer, Tel. (0 62 32) 64 76 67, www.binshof-spa.de
- ÖPNV: Bus 572, Haltestelle Otterstadt Kreuz

Mitmachen statt Meckern

Kaufladen Speyer unverpackt

Inspiriert und verbunden von und mit InSPEYERed, einem Nachhaltigkeitsverein, haben die Speyerer Macherinnen Sophie und Luise ihren neuen Kaufladen Speyer unverpackt in die alte Domstadt gebracht, eine Art Tante-Emma-Laden des 21. Jahrhunderts. Kommunikativ, hemdsärmelig und lokalpatriotisch geht es hier mit der Kaufladen-Community zu. Seit 2023 wird der Kaufladen hauptsächlich von Gemeinschaftsmitgliedern getragen, die mit ihrem monatlichen Anteil Einkaufsgutscheine erwerben.

Hier füllt man nicht nur Lebens- und Hygieneprodukte ins mitgebrachte Gefäß, sondern kann auch altes Kerzenwachs zum Recycling abgeben, gerettete Lebensmittel vorbeibringen und abholen sowie Handmade-Labels aus Speyer und der Pfalz kennenlernen: So vertreibt der Kaufladen auch Brot und Bier aus Speyer, Secco aus Edesheim, Gin aus Dudenhofen sowie Eier und Gemüse aus Lingenfeld. Wer's noch aktiver mag, kann Edgar (ein Lastenrad) ausleihen und bei Kunst, Kleidertausch oder Workshops aktiv werden. Oder man gönnt sich einen Espresso im Zero-Waste-Café. Dabei strahlen die alten Holzdielen und die Sonne durch die großen Kaufladenfenster mit den beiden höchst engagierten Inhaberinnen um die Wette. Man hält einen Plausch über Gott und die Welt, die eigene und die da draußen, die man durch den Einkauf ein bisschen besser machen kann.

TIPP

Speyerer Papeterie aus handgeschöpftem Saatpapier von heylittlegreen ist im Kaufladen erhältlich.

Konkret: Zum Frühstück gibt's hier loses Bircher Müsli, getrocknete Himbeeren, Brot, Knäckebrot, Brotaufstriche, Nussecken, Espressobohnen oder Tee. Zum Mittagessen wiegt und füllt man Lasagneplatten, Spätzle, Quinoa, Kichererbsen, Linsen, Oliven, Leinsamenöl oder Tomatenpassata (im Pfandglas) ab. Zur Vesper gibt's Studentenfutter, Salzbrezeln, Schokolinsen oder Lakritzschnecken – oder aber Roggenvollkornmehl, Vanillezucker und Kardamom für Selbstgebackenes. Ach ja, zum Sauber- und Schickmachen stehen Haar- und Rasierseifen, Waschmittelkonzentrat, Body Lotion, Toilettenpapier, Zahnpasta und ein veganer Schminkstift bereit. Ein Glück für Speyer, das man teilen muss!

● Kaufladen Speyer unverpackt, Große Greifengasse 1, 67346 Speyer
www.kaufladen-speyer.de

● ÖPNV: Bus 564, 565, 568, Haltestelle Maximilianstraße

müsliflocken
WIEGEN
+ BESCHRIFTEN
2.
210g
BEZAHLEN
(LEERGEWICHT WIRD ABGEZOGEN)
unverpackt
KAUFLADEN
Speyer

Vogelhochzeit

Rund um die Mechtersheimer Tongruben

Auf dem Hasen-, Marder-, Eichhörnchen- oder Wasseramselweg, markiert von der Ortsgruppe Römerberg des Pfälzerwald-Vereins, kann man in 4, 10, 8 oder 22 Kilometern Heiligenstein, Berghausen, Mechtersheim oder Römerberg umrunden. Nehmen wir mal das Eichhörnchen als wegweisendes Tier und starten beim Fußballplatz des TuS Mechtersheim (Philippsburger Straße). Vorbei am Pumpenhaus geht es in Richtung Rhein (NATO-Rampe), man biegt aber am beigen Deichwachhaus mit türkisen Fensterläden links ab, läuft den betonierten Deichweg entlang bis zur Kläranlage, um dann links zu den Tongruben zu gelangen. Hier hat sich dank der Renaturierung in den 1980er-Jahren und dem deklarierten Naturschutzgebiet die Natur ihr Gewässer zurückerobert. Die Mechtersheimer Tongruben sind ein Vogelparadies zum Brüten, Rasten im Winter und beim Durchflug, zum Schwimmen, Tauchen, Fliegen und ausgelassenen Tschilpen, Zwitschern, Schnattern.

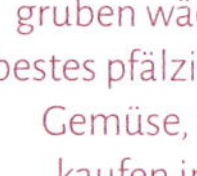

Auf den Äckern um die Tongruben wächst bestes pfälzisches Gemüse, zu kaufen im Mechtersheimer Hofladen.

Im Winterhalbjahr hausen hier bis zu 3000 Tiere, darunter viele geschützte Arten wie Graugänse, Saatgänse, Reiherenten, Tafelenten, Schnatterenten. Am Vogelbeobachtungsstand, einem Holzhaus mit Luken zum Öffnen und Direkt-auf-den-See-Schauen, wenige Meter neben überdachtem Picknickplatz und Infotafeln zu den Vogelarten, ist die Party zur Vogelhochzeit nicht zu überhören: Die Flussseeschwalbe erinnert mit ihrem spitzen Tschilp-Ruf ans Meer. Die Lachmöwe erkennt das Ohr an einem Mix aus Schreien und Krächzen, vielleicht auch einem Lachen. Graugänse erinnern mit ihrem Ruf an eine verstopfte Trompete. Schnatterenten machen im kurzen Stakkato auf sich aufmerksam. Zwergtaucher quietschen in höchsten Tönen. Graureiher und Purpurreiher krächzen kurz. Jeder Hochzeitsgast erhebt seine Stimme, meistens gleichzeitig. In der Mitte des Gewässers haben Naturschützer eine Schwimminsel ausgebracht, auf der sich vor allem Flussseeschwalben- und Lachmöwenpaare tummeln, turteln und brüten. Für Vogelbeobachter vom Picknickplatz aus ist das ein Genuss für die Augen, ob mit Spektiv oder ohne.

- Mechtersheimer Tongruben, Ausgangspunkt TuS Mechtersheim, Philippsburger Straße 50, 67354 Römerberg-Mechtersheim
- ÖPNV: Bus 568, Haltestelle Mechtersheim Rheinfeldstraße

Wegen Reparatur geöffnet

Repair Café in der Quartiersmensa

In einem kleinen Dorf klingelte es in den 1980er-Jahren regelmäßig an derselben Haustür: „Volker, kannst du mal nachschauen, was mit dem Radio ist?“ Unter der Hand war ein Ansprechpartner für Elektroreparaturen in der Nachbarschaft gefunden, juhu! Jahre des Wegschmeißens und Neukaufens vergingen. Zum Glück hat sich in der letzten Zeit mehr Nachhaltigkeitsbewusstsein eingestellt – und seit 2013 hat in Speyer ein Café wegen Reparatur geöffnet: das Repair Café. Wie einst der Volker messen, schrauben und löten ehrenamtliche Fachleute wie Karlheinz, Armin, Hans oder Michael an einem Samstagnachmittag im Monat vor und im Untergeschoss der Quartiersmensa Fahrräder, Kaffeemaschinen, Lautsprecher, Nähmaschinen oder Modelleisenbahnen aus allen möglichen Generationen. Per Reparaturzettel werden die defekten Geräte bei Judit angemeldet.

TIPP

Kindern stehen im Q + H Aktionen im Haus der Familie K.E.K.S. und der Spielplatz offen.

Draußen unterm Vordach der Q+H Mensa stehen umgedrehte Fahrräder, bei denen Wilfried, Uli und Horst fragend, antwortend und anleitend Bremsblöcke erneuern oder den Reifen wechseln. Eine gesprächige Fahrrad-Warteschlange hat sich gebildet. Im Untergeschoss wird in Werkstatträumen gewerkelt und gewuselt: Stephan sucht ein Kontaktspray, Michael findet ein passendes Scart-Kabel, René flucht, weil er den Fehler am Radio nicht findet. Wie im Wartezimmer sitzen die „Kunden“ geduldig auf den aufgereihten Stühlen, während sich Reparateure und Gerätebesitzer an langen Tischen gegenübersitzen, den Defekt überprüfen, sich unterhalten und natürlich auch den Wasserzulauf oder den Unterschied zwischen Volt und Ampere klären. Die Fahrstuhltür daneben geht auf, ein Mann mit 43-Zoll-Fernseher tritt heraus. Erst mal hinsetzen, abwarten, Kaffee trinken. Andrea kümmert sich um frisch gebrühten Kaffee, selbst gebackenen Kuchen und Brezeln. Nachbarn, die sich nie begegnet wären, tauschen sich über Kuchen und Kaffeemaschinen aus, über ratternde Rädchen am Radio oder die Rente. Manchen gefällt es so gut, dass sie jeden Monat etwas Defektes mitbringen für dieses Gemeinschaftsgefühl.

- Repair Café, Quartiersmensa plus St. Hedwig (Q + H), Heinrich-Heine-Straße 8, 67346 Speyer, Tel. (0 62 32) 6 84 71 42, www.repaircafe-speyer.de
- ÖPNV: Bus 569, Haltestelle Quartiersmensa West

Es werde Licht

Domführung im Dunkeln

Drei, vier Führungen finden durchschnittlich jeden Tag im Dom statt. Dank der Schönwetterregion um Speyer strahlt das Weltkulturerbe meistens im Sonnenlicht. Wie es abends aussieht, kann man bei einer Domführung im Dunkeln herausfinden. Nach Sonnenuntergang verteilt die Domführerin am Dom-Info-Häuschen Kopfhörer. Man wirft der untergehenden Sonne im Westen hinter dem Altpörtel einen Blick zu. Dann wendet man sich dem Domportal gen Osten zu, dem Sinnbild für Licht und Auferstehung. Maria, Johannes, Bernhard von Clairvaux, Stephan, Jesus, Adler, Stier, Löwe, Eulen, Kröten und sogar der Brezelbub: Der Lichtkegel der Taschenlampe erweckt die Symbole an der neoromanischen Domfassade kurz zum Leben. Man lässt sie ruhen und tritt an der Nordseite durch die schwere Tür hinein in die völlige Dunkelheit des Doms. Die Schritte der Gruppe hallen im 33 Meter hohen Raum. Opferkerzen brennen noch. Es duftet nach Wachs. Pfeiler, Wände, Deckengewölbe und Bänke erahnt man als Schatten.

Die Stimme der Domführerin im Kopfhörer flüstert: „Suchen Sie sich bitte einen Platz und lassen Sie die Dunkelheit und Stille auf sich wirken." Minuten vergehen. Man sitzt, sieht und spürt im Finstern – und fürchtet kein Unheil. Jeder erhält eine Domkerze, die auf dem Weg durch den Dom Licht schenkt. Dieser führt von den Königen und Kaisern des Mittelalters über den französischen Sonnenkönig und Napoleon bis zu den heutigen Domkapitularen und dem Bischof. Räumlich schreitet man langsam und mit geschärften Sinnen die Treppe hinauf zum Chorgestühl unter der Apsis, fokussiert taschenlampenbeleuchtet Kapitelle, Kuppel und Königschororgel. Das Highlight allerdings liegt in der Unterkirche: Bevor man die Grablege von Heinrich IV. oder Rudolf von Habsburg mit den rot schimmernden Grablichtern in Augenschein nimmt, verweilt man einen Moment in der größten Hallenkrypta Europas. Die Kerze flackert lieblich. Sie schenkt Geborgenheit, Wärme und Andacht. Sie führt zum Licht – so wie der Dom es tun soll.

TIPP

Auch Essen im Dunkeln oder Breakfast in the Dark sind möglich im Gewölbekeller Speyer.

● Dom-Info, Domplatz 1b, 67346 Speyer, Tel. (0 62 32) 10 21 31
www.dom-zu-speyer.de/domfuehrungen
● ÖPNV: Bus 564, 565, 568, 717, Haltestelle Domplatz

Hopp, hopp, spring!

Baseballstadion rund ums Judomaxx

Frischluft, Fitness, Feldhase: Nicht nur der Trimm-dich-Pfad im Speyerer Stadtwald bietet Bewegungsbegeisterten ein schönes Freiluft-Fitnessstudio. Wer lieber festen Ascheboden unter den Turnschuhen hat, findet im städtischen Stadion hinter dem Judomaxx-Gebäude am westlichen Stadtrand den perfekten Sportplatz. Eigentlich ist es ein Baseball- und Softballpark, regelmäßig lassen die Vereinsmitglieder der Turtles bei Training und Spielen ihre Bälle fliegen. Doch auch vereinslose Freizeitsportler können hier dem Hamsterrad entkommen und freie Runden sprinten, joggen, walken, spazieren oder in die Sandgrube springen wie der Feldhase. Dieser wühlt und hopst in der Nachbarschaft auf dem Feld und am Feldrand. Umgrenzt von einem kleinen, im Sommer schön schattigen Kiefernwäldchen gibt es hier Ausgleich und Auslauf für alle Generationen – und alle Sportarten.

TIPP

Wer noch größere Sprünge machen will, kann in Limburgerhof in den 2022 eröffneten Sprungpark.

Die Freisportler stehen in keinem Fall in Konkurrenz zu den angrenzenden Glücksorten unter Dächern und Zeltplanen, sondern zeigen olympische Vielfalt: In der Judomaxx-Halle justieren sich die Judoka, Rehasportler reaktivieren ihren Rücken. Daneben zeigen Bodybuilder und Gymnasten Klimmzüge, Bizeps-Muckis und Sixpacks, während sie an Outdoor-Barren und Reckstangen ihr Workout praktizieren. Im Kinder- und Jugendzirkus Bellissima schweben Nachwuchsartisten am Trapez oder im Tuch durch die Lüfte. Wer noch mehr Geräte outdoor und *fer umme* für die Ausschüttung von Glückshormonen braucht, zieht ein paar Kilometer weiter östlich in Speyer zur Alla-hopp-Anlage: 2017 wurde die 6300 Quadratmeter große Bewegungs- und Begegnungsstätte – wie weitere knapp 20 Anlagen in der Pfalz und Kurpfalz – von Mäzen Dietmar Hopp gestiftet. Mittlerweile kümmert sich die Stadt um die Anlage. Alla hopp! Auf zum Klettern im Überseecontainer, zum Balancieren auf wackeligem Untergrund, zum Springen in der Parcoursanlage. Wer nach dem Trainieren noch keine Schnappatmung hat, setzt sich auf die Sprich-mich-an-Bank und wartet auf Mitstreiter und Wortakrobaten.

● Baseball- und Softballpark, Ecke Butenschönstraße/Holzstraße, 67346 Speyer
● ÖPNV: Bus 562, Haltestelle Holzstraße

Kulinarik unter Kastanien

Gasthaus zum Anker

Wo versteckt sich das beste Schnitzel, Cordon Bleu oder Rumpsteak der Stadt? Fleischliebende Gaststätten und Wirtshäuser mit deutscher Küche tummeln sich in der Innenstadt an der „Maxi" (Maximilianstraße) und rund um den Dom zuhauf. Doch wie so oft in einer Touristenstadt findet man das saftigste Stück Fleisch nicht auf der Promenade, sondern in den Nebenstraßen, wo die *Schaffer* und Handwerker *dähääm* sind. So auch in Speyer: Im Schiffbauer- und Fischerviertel Hasenpfuhl weist ein blauer Anker auf weißem Grund den Weg zum höchsten Genuss in Kalbs- und Rindfleisch, pur oder in Panade.

Küchenstühle aus Holz mit Herzaussparung, gepolsterte Eckbänke, holzvertäfelte Wände und Decken und der schiefe Boden sind Zeichen dafür, dass hier die Welt noch in Ordnung ist. Schließlich zählen die inneren Werte aus Küche, Zutaten und Qualität. Eine riesige Speisekarten-Reichweite von Minestrone, Dry-Aged-Tomahawk-Steak, frühlingshaftem Spargel, Cordon Bleu Spezial (mit Schwarzwälder Bauernschinken), Ochsenmaulsalat, Oktopus oder Falafel beflügelt den Gaumen. Auch beim Trinken ist die Bandbreite vom Cuvée aus der Pfalz über ein Helles bis zum Kellerbier vom hauseigenen Anker-Bräu immens. Bei all der Auswahl an Getränken, Gerichten, Soßen und Gewürzen ist eine Empfehlung eindeutig, nämlich für die Beilage: Esst die Grumbeernudeln, hausgemacht aus frischen Pfälzer Kartoffeln.

Alte und junge, männliche und weibliche Stammtischmitglieder treffen sich im kleinen, urigen Gastraum. Es wird über die Tische hinweg geprostet, gezapft, laut und pfälzisch geschwätzt. Wer es lauschiger, luftiger und leiser mag, nimmt im Biergarten unter der ältesten Rosskastanie, Schirmen und bunt leuchtenden Lichterketten seinen Platz ein. Die Nachbarn winken gern von den Fachwerkbalkonen gegenüber hinunter und bestätigen die Wahl dieses Restaurants. Selbst wenn es schon Herbst geworden ist, kann man sich in Decken einmummeln, am Terrassenfeuer wärmen und schlemmen wie ein Enkel bei den Großeltern.

- Gasthaus zum Anker, Rheintorstraße 10, 67346 Speyer, Tel. (0 62 32) 7 74 03 (besser reservieren)
- ÖPNV: Bus 567, Haltestelle Schiffergasse

Sing Halleluja!

Gospelchor Lingenfeld

Jubel, Trubel, Heiterkeit in der Kirche? Das geht – und zwar seit fast 50 Jahren, wenn der Gospelchor Lingenfeld zu Gast ist und die heiligen Hallen zum Klingen und Swingen bringt. Afroamerikanischen Ursprungs ist meist keiner der 50 Sängerinnen und Sänger aus oder rund um das Dörfchen Lingenfeld. Doch weg mit den Konventionen! Das dachte sich Chorgründer Meinhard Emling, als er 1974 den Flowerpower-Woodstock-Spirit aus dem fernen Amerika einfing und bluesigsoulige Lieder in englischer Sprache im alternativen Kirchenchor singen ließ. Habt offene Ohren für die pfälzischen Gospelsänger. Aus tiefstem Herzen und voller Kehle singen Solisten und Chor Blues, Spirituals, Swing oder Rock 'n' Roll. Mit Verstärker und viel Power schallen die passenden Beats aus E-Gitarre, Saxofon, Schlagzeug, Bass und Hammond-Orgel. Die Lichtshow setzt rot leuchtende und lila Akzente – und Emotionen frei.

Ob in der Dreifaltigkeitskirche Speyer oder der St.-Nikolaus-Kirche Bellheim: Die A-cappella-Akustik ist überwältigend. Sogar eine afrikanische Buschtrommel wirkt bei „African Call" mit. Überraschenderweise trägt David als Solokünstler kein Instrument bei sich: Nur mit Mund, Lippen und Sounds bringt der Beatboxer Klänge in den Kirchenraum, die wie Buschregen an Körper und Seele herabfließen. Bei „Meet With Me" fühlt man sich eingeladen. In „Let the Glory Come Down" gibt der sonore Bass neuen Halt. Bei „In Christ Alone" geht im Herzen die Sonne auf, man hat Tränen in den Augen. Wenn abwechselnd Barbara, Leni, Annette, Uli, Josie, Moni, Birgit, Pia oder Willi mit der Soulstimme die Tonleitern hoch- und runterschwingen, überkommt den Zuhörer der Bewegungsdrang. Gut so! Schließlich machen es die Sängerinnen und Sänger vor: Statt wie Chorknaben an Ort und Stelle stillzustehen, wippen, schwingen und klatschen sie zum Beat. Spätestens dann will und soll man mitsingen, sagt Chorleiter und Gymnasial-Musiklehrer Matthias Settelmeyer, der seit 2011 den Gospelchor und das Publikum in Einklang bringt.

TIPP

Groove bringen auch der Rockchor, The Mamas and the Papas oder der Männerchor aCHORat Harthausen.

● Gospelchor Lingenfeld, Proben im Katholischen Pfarrheim, Kirchstraße 19, 67360 Lingenfeld, www.gospelchor-lingenfeld.de
● ÖPNV: S2, S3, S4, Haltestelle Lingenfeld

Uff de Gass

Rundgang durch die Speyerer Altstadt

In Mehlgasse, Backofen und Lebkuchengasse läuft einem das Wasser im Mund zusammen. In Steinmetzergasse, Lauergasse und Stuhlbrudergasse hat man die hämmernden, gerbenden und wachenden Zünfte im Mittelalter vor Augen. Speyer erzählt seine Geschichte(n) anhand der Straßennamen. In Halbes Dach, Magergasse oder Elendherberge hätte man also lieber nicht gewohnt. Geht man von der Johannesstraße hinab Richtung Rhein, „stolpert" man zunächst über die Pflastersteine, die den Gassen eine mittelalterliche Optik verleihen. Erhalten sind an der Ecke der Johannesstraße mit der St.-Georgen-Gasse ein historischer Sandstein-Radabweiser und die mittelalterliche Sonnenbrücke. Nicht erhalten sind mittelalterliche Gebäude, denn sie wurden ab 1689 im Pfälzischen Erbfolgekrieg gegen den französischen Sonnenkönig weitgehend zerstört. Also schmücken die meisten pittoresken, geranien- und weinberankten Fassaden mit roten, gelben, blauen Fensterläden und Fachwerkbalken erst seit rund 300 Jahren die gemütliche Altstadt.

TIPP

Beim Altstadtfest schenken Nachbarn Weinschorle aus und der „Elch" in der St.-Margarethen-Gasse Obstler.

Endlich wieder frei unter dem Himmel fließt der Speyerbach am Mittelsteg in den Woogbach, um später gemeinsam in den Rhein zu münden. Hier im Hasenpfuhl-Viertel waren früher Fischer und Schiffbauer zu Hause und gewöhnt an die sumpfige Flussgegend. Zurück zum Hier und Heute: *Uff de Gass* duftet es um die Mittagszeit gern mal nach Zander Omas Art, Sauerkraut oder Dampfnudel, vielleicht aber auch nach schnellen Spaghetti Aglio e Olio. Wer mit offenen Augen, Ohren und Nase entlangläuft, erlebt Überraschungen: Zum Beispiel spendiert im Sommer in der Hasenpfuhlstraße 25 ein riesiger Feigenbaum natürlich pralle lila Früchte. Zu schön, um wahr zu sein. An der Mehlgasse 31A wiederum ist es das Bücherglück, das von Leser zu Leserin weitergegeben wird: Umgeben von grünen Weinblättern versteckt sich an der hölzernen Haustür ein kleines Buchregal, das zum Tausch zwischen Urlaubsroman und Familiendrama anstiftet.

- Speyerer Altstadt zwischen Dom, Eselsdamm und Johannesstraße, 67346 Speyer (Führungen über Tourist-Information) www.speyer.de
- ÖPNV: Bus 564, 565, 568, Haltestelle Dom/Stadthaus

Die Oma hat's gewisst!

Rollende Dampfnudelmanufaktur Wolke 7

Montags in Lingenfeld und Dudenhofen, mittwochs in Harthausen und Otterstadt, donnerstags in Heiligenstein und Schwegenheim, freitags in Speyer-West – und seit 2022 im Industriehof: Auf den Wochenmärkten und vor Einkaufszentren stehen himmelblaue Foodtrucks mit weißer Wolke und gelber Speyerer Domsilhouette. Wenn die Sinne ihn wahrnehmen, ist der ganze Körper himmlisch verzaubert und sehnt sich nach nur einem: einer Dampfnudel! Sie brutzelt fluffig, süß und am Boden salzig im Bräter, duftet warm und vanillig aus der Verkaufsluke. Ob mit 9 Monaten oder 89 Jahren, zum Frühstück, Mittag- oder Abendessen: Die Kundschaft um den Truck kann nicht einfach wegriechen oder wegschauen, sondern nähert sich schlendernd und lächelnd der rollenden Dampfnudelmanufaktur, reiht sich in die Schlange ein und ist gleich auf „Wolke 7". So heißt das Wolkenmobil von Jens Vogel, das mittlerweile in fünffacher Ausführung Marktgänger und Einkaufende verführt.

Die Geschäftsidee zum Hüter der Wolke 7 hatte der junge Unternehmer aus Heiligenstein, der eigentlich als Bankkaufmann arbeitete, von seiner pfälzischen Oma, die die Familie sonntags mit *Dampfnudle* verwöhnte und den Enkel überzeugte: Glück und Genuss statt großen Gelds. So gründete er 2016 die Dampfnudelmanufaktur und bekommt große Unterstützung von der gesamten Familie und einigen Kumpels.

Man muss sich entscheiden: mit Weinsoße, Vanillesoße oder Kartoffelsuppe? Am liebsten alles und gleich hier, das Wasser läuft langjährigen Dorf- und Speyer-Bewohnern wie Zugereisten schließlich im Mund zusammen. Doch nein, die Vernunft siegt und geduldig schaut man zu, wie die faustgroßen Hefeteiglinge – klassisch, vegan aus Dinkel, als Spinat-, Bärlauch-, Hanf- oder Schokovariante – zusammengepackt werden. Wer sie lieber als Nachtisch essen will, nimmt sich als Hauptgericht vorweg eine Kartoffel-Lauch-, Spargelcreme- oder Kürbissuppe mit. Dann wird die Dampfnudel danach zum himmlischen Höhepunkt.

TIPP

Größere Mengen Dampfnudeln besser vorbestellen oder als Catering nach Hause liefern lassen.

● Dampfnudelmanufaktur Wolke 7, Backstube und stationärer Verkaufstruck im Industriehof, Franz-Kirrmeier-Straße 19, 67346 Speyer
www.wolke7dampfnudel.de
● ÖPNV: Bus 567, Haltestelle Franz-Kirrmeier-Straße

Wie zu rosigen Zeiten

Feuerbachhaus

Berühmte Söhne und Töchter der Stadt Speyer wie Friedrich Magnus Schwerd, Hans Purrmann, Georg Friedrich Kolb, Edith Stein oder Nikolaus von Weis geraten dank der Benennung der weiterführenden Schulen bis heute nicht in Vergessenheit. Einer allerdings fehlt: Anselm Feuerbach. Dabei ist der 1829 in Speyer geborene Feuerbach einer der bedeutendsten Maler des späten 19. Jahrhunderts, war mit Clara Schumann und Johannes Brahms bekannt und wirkte von Antwerpen bis Venedig. Sein schönes Geburtshaus mit Walmdach und Barockgarten verwahrloste in den 1950er-Jahren und sollte abgerissen werden. Doch glücklicherweise rettete 1971 der Verein Feuerbachhaus mit Unterstützung der Stadt Speyer das Kulturerbe. So haben Kunst, Kultur und Kulinarik im kleinen Feuerbachhaus ihren besonderen Platz. Über eine knarzende Treppe kommt man ins Museum unter den Dachschrägen, wo Bilder der Feuerbachs sowie 30 originale Zeichnungen und Malereien des Speyerers von ihm erzählen, aber auch aktuelle Künstler ausstellen. In zwei Räumen im Erdgeschoss sitzt man auf Biedermeier-Stühlen an glänzenden, holzgemaserten Tischen in schlichter Eleganz im Wohnzimmer, einer Weinstube. Holzdielen, Stuckdecke, kleine Fensterchen, Gemälde, Kommoden und eine Theke machen die Räume beschaulich. Schauend und schlemmend überlegt man, wo Anselm oder seine Schwester Emilie vor fast 200 Jahren hier gemalt und Klavier gespielt haben mögen? Die zu Biedermeiersträußen gebundenen Rosen machen das ehrwürdige Haus lebendig und Lust auf den Barockgarten.

TIPP

Im Purrmann-Haus werden Leben und Wirken des Speyerer Malers und seiner Ehefrau präsentiert.

Im verwunschenen Garten liegen Rosenrabatten mit hellen Kieselsteinen abgegrenzt, eine Blüte schöner als die andere. Blumen und Feigen klettern die pastellgelben Wände des Feuerbachhauses hinauf. Bäume und eine mannshohe Mauer machen den Gastgarten zum beschützten Schmuckstück. Alles klein, aber fein. Man parliert über Aquarelle oder surreale Kompositionen, die aktuell ausgestellt sind, oder über Feuerbachs Kolorismus und das Gastmahl des Plato. Ganz so, als sei die Zeit stehen geblieben.

- Feuerbachhaus, Allerheiligenstraße 9, 67346 Speyer, Tel. (0 62 32) 7 04 48 www.feuerbachhaus.de
- ÖPNV: Bus 564, 565, Haltestelle Wormser Straße; Bus 562, Haltestelle Salierstraße

Wenn der Hunger kommt

Wurstautomat der Metzgerei Heiss – Victor Nettey

An einem weniger historischen Eckhaus zwischen Johannesstraße und Pfaugasse hängt unübersehbar das rote Signet der Fleischerinnerung an der weißen Hauswand. Daneben in großen Lettern der Traditionsname: Metzgerei Heiss. Von hier aus werden Speyerer und Leute aus der Umgebung seit Ende der 1950er-Jahre mit besten Wurst- und Fleischwaren versorgt. *Uff de Gass* duftet es wie eh und je, doch seit 2018 haben sich die Persönlichkeiten geändert: Familie Heiss hat ihr Geschäft und die traditionellen Rezepte an den neuen Chef und Metzgermeister Victor Nettey übergeben. Er ist – und nennt sich selbst – der erste und (bis jetzt) einzige schwarze Metzgermeister aus der Pfalz, geboren in Ghana. Sein Instagramkanal zeigt, was er im Kühlraum so wurstelt: geräucherte Special Spare Ribs mit pikantem Salzgeschmack, Oktoberfest-Haxen im September, Dry-Age-T-Bone-Steaks oder Merguez und Grillbratwürste zur Superbowl-Zeit.

Es schmeckt und die Qualität stimmt! Stammkunden und Neu-Speyerer bescheinigen das dem immer gut gelaunten und netten Nettey-Team und sind dankbar für göttliche *Lewwerknädl,* top Steaks, Lamm- und Putenspieße für die Grillparty und den besten Wurstsalat der Region. Steht man vor der breiten, aufgeräumten Fleisch- und Wursttheke, weiß man gar nicht so schnell: Salami, Rippchen oder Saumagen? Die Fleischereifachverkäuferinnen beraten Unschlüssige gern auf Hochdeutsch oder im Speyer-Pfälzisch: „Das krigge mer hie.“ Handwerker kommen hier in der Mittagspause auf ein Cordon Bleu von der warmen Theke vorbei. Digital Natives bestellen online.

Sogar für Fleischeslust zu Randzeiten hat Victor Nettey eine Antwort parat: Wer nachts oder am Sonntag Hunger auf frisch eingeschweißte Steaks, Aufschnitt oder Leberwurst in der Dose verspürt oder die Putenschnitzel, Knackis oder Bratensoße vergessen hat, zieht sich einfach die Ware an einem der Wurstautomaten vor der Metzgerei, am Berliner Platz vor der Bäckerei Görtz, an der BFT-Tankstelle, in der Auestraße und beim Thomashof.

TIPP

Gegrillte Würste der Metzgerei bekommt man auch beim Imbiss Currysau.

● Metzgerei Victor Nettey, Johannesstraße 24, 67346 Speyer, Tel. (0 62 32) 7 59 89
www.heiss.dein-shop.online
● ÖPNV: Bus 564, 565, 568, Haltestelle Maximilianstraße

Klang und Gloria

Kunst und Kultur in der Dreifaltigkeitskirche

Mitten in der Stadt steht sie seit über 300 Jahren wie ein Selfmade-Schmuckstück der Speyerer Bürger: die Protestantische Dreifaltigkeitskirche. Nachdem die Bewohner wegen des Pfälzischen Erbfolgekriegs 1689 aus der Stadt flohen, kehrten sie 10 Jahre später zurück und bauten ihre Dreifaltigkeitskirche, aus eigenen Mitteln und weitgehend aus Holz. Vielleicht ist es das natürliche Material, das die Barockkirche so vertraut und zugänglich macht? Ganz so, als ob eine liebe Nachbarin ihre Haustür öffnet und die Arme ausbreitet.

Das Schild „Offene Kirche" und der beschauliche Kirchengarten – zwischen Pilgerstatue und Paradiesgarten im Hintergrund – locken auch Menschen, die nichts mit der Kirche am Hut haben, hinein. Ästhetik und Akustik bekommen hier eine überragende Bühne. Holz schafft Nähe, übermalt mit Gold verbindet sich Bodenständigkeit mit Pracht. Die Hingabe zu „ihrer Kirche" wird anhand des einheimischen und auswärtigen Publikums bei Veranstaltungen oder bei den großzügigen Spenden für die Renovierung des Innenraums (300.000 Euro bis 2017) und aktuell der Orgel sichtbar. Gott und den Menschen sei Dank!

TIPP

Steffen Schramm erklärt im Buch „Sehen mit erleuchteten Augen" die Bildmotive an Decke und Empore.

In der Dreifaltigkeitskirche kamen und kommen Künstler zu Klang, Glanz und Gloria: Felix Mendelssohn Bartholdy komponierte 1837 hier an der Orgel. Heutzutage verschenken Gospelchöre, kleine Vokal- und Instrumentalensembles oder Singer-Songwriter wie die Speyerer Newcomerin Mia Götzelmann Klangerlebnisse am Abend oder bei Marktkonzerten am Samstagvormittag. Auch Bestsellerautoren wie Rafik Schami oder die Speyerer Schriftstellerin Juliane Stadler kommen zu Wort: Akustik und Aura des Kirchenraums tragen Sprache und Musik überwältigend bis in die letzte Reihe der Holzbänke unter der Empore. Man lässt sich einfangen und wegtragen vom Klang von Stimmen, Orgel, Flöten und Bassgitarren oder von der Macht der warmen Worte. Man wippt, klatscht oder weint, wenn die Schwingungen die Seele berühren und die Schutzengel an den Emporen ihren Flügel über die Zuhörer ausbreiten.

● Dreifaltigkeitskirche, Große Himmelsgasse 4, 67346 Speyer, Tel. (0 62 32) 62 99 58
www.dreifaltigkeit-speyer.de

● ÖPNV: Bus 564, 565, 568, Haltestelle Dom/Stadthaus

Aufgebrezelt

Brezelbäckerei Berzel

Speyer ist die Brezelstadt, hört man Lokalpatrioten sagen. Stimmt! Zumindest kulinarisch, symbolisch und festlich ist Speyer eng mit der Brezel verbunden. Vermutlich labte man sich im Dunstkreis des Doms schon vor Jahrhunderten an dem Hefegebäck, dessen Form die verschränkten Arme betender Mönche symbolisiert. Apropos Symbol: Neben der Alltagsbrezel, die jeder vom Kind bis zum Greis vom Frühstück bis zum Mitternachtssnack essen und gern an den typischen Berzel-Brezelhaisel in der Maximilianstraße kaufen kann, kommt Speyers Lieblingsgebäck am letzten Wochenende im März zu Ruhm und Ehre: Beim Sommertagsauszug ziehen und singen kleine Speyerer mit einem bunt geschmückten Holzstab und einer aufgepiksten Brezel hinter einer meterhohen Schneemannfigur her. Im Juli folgt dann der große Höhepunkt der Speyerer Festivitäten: das Brezelfest. 6 Tage lang defilieren, trinken, tanzen und essen die Speyerer durch die Maximilianstraße und das Festzelt – und zwar in Dirndl und Lederhose, womit sie bayerischen Volksfesten Konkurrenz machen. Auch eine Brezelkönigin wird gewählt.

Die Stimmung im Zelt ist dann gefühlt so heiß wie im Backofen der Familie Berzel. Die Brezelbäckerei ist die letzte ihrer Art in Speyer und backt in der beschaulichen Lauergasse zum Brezelfest 50.000 Brezeln, mathematisch also für jeden Speyerer eine. In der dritten Generation backen Patrick Blau und sein Team nach dem Familienrezept im Backofen von 1964. Mehl, Wasser, Salz, Hefe und Margarine werden auf wenigen familiären Quadratmetern und bei cooler Rockmusik vom gelernten Bankkaufmann und seinen Brezelbäckern zu Teig verarbeitet, in Natronlauge getunkt und mit der Hand zur Brezel geschlungen. Hinein in den Ofen, nach 7 Minuten kommen sie dünn, knusprig und goldbraun auf dem Gitternetzband heraus. In 50-Stück-Stiegen werden sie neben Käsestangen oder Partybrezeln direkt an die Brezelhaisel und andere Großabnehmer geliefert – oder wandern ab 6 Uhr schön ofenwarm in die Hände der Laufkunden direkt in der Backstube. Größere Mengen einfach vorbestellen!

TIPP

Am Domportal und am Handwerkerbrunnen erinnern Brezelbub-Figuren an Speyers liebstes Gebäck.

- Berzel Brezelbäckerei, Lauergasse 6, 67346 Speyer, Tel. (0 62 32) 7 59 09 www.brezel-berzel.de, www.speyerer-brezelfest.de
- ÖPNV: Bus 567, Haltestelle Eselsdamm

Winterglanz zum Hören

Barock-Fest im Schlosstheater Schwetzingen

Wenn es – wie meistens am warmen Oberrheingraben – keinen verschneiten Winter in Speyer oder im 15 Kilometer entfernten Schwetzingen gibt, lässt man einfach den „Winter in Schwetzingen" inszenieren: Seit mehr als 15 Jahren tut das das Theater Heidelberg musikalisch mit Opernraritäten aus dem Barock, die wiederentdeckt und neu inszeniert werden. Unter dem winterlichen Motto erstrahlen das Schwetzinger Schloss und sein altehrwürdiges Rokokotheater von 1752/53 beim Barock-Fest von Dezember bis Anfang Februar in violettem, rotem oder blauem Schein. Die Freude beginnt also schon beim Hinflanieren durch den geometrisch angelegten Lustgarten.

Nimmt man dann Platz im Hof- und Rangtheater und lauscht den spritzigen Klängen von Violoncello, Oboe, Tasteninstrument oder Fagott, beispielsweise der regelmäßig gastierenden Lautten Compagney aus Berlin, empfindet man wohlig warmen Winterzauber. Man ist erfüllt von Glück, wie der Raum erfüllt ist von Musik. Musiker haben mit Werken von Johann Sebastian Bach oder Antonio Vivaldi auf der Bühne die Ehre. Sopranistinnen und Tenöre transportieren die Barockoper ins 21. Jahrhundert. Das Highlight bildet Jahr für Jahr das begeisternde Weihnachtskonzert des Philharmonischen Orchesters Heidelberg, das am schnellsten ausverkauft ist. Doch bei allen Programmpunkten zählt das Erlebnis an diesem Glücksort: Das schnuckelige Rokokotheater macht mit seiner hölzernen Bühnenmaschinerie, die seit fast 300 Jahren funktioniert, den Vorhang auf für längst vergangenen Esprit. Die Luft riecht nach adretten Hofdamen und Kerzenbeleuchtung, und man könnte meinen, dass gleich der pfälzische Kurfürst Carl Theodor seinen Platz auf der Loge einnimmt, der hier als Sommergast im Residenzschloss weilte. Ein Abend im „Winter in Schwetzingen" trägt stimmungsvoll durch die kalte Jahreszeit. In der Innenstadt vor den Schlosstoren kann man bei Glühwein vorglühen oder bei einem Absacker den Tag ausklingen lassen, zum Beispiel im Café Walzwerk oder im Hüftgold.

TIPP

Auch im Sommer oder zu anderen Festivals kann man tollen Klassik- bis Popkonzerten im Schloss lauschen.

- Schloss Schwetzingen, Rokokotheater, Ecke Schloßstraße/Karlsruher Straße, 68723 Schwetzingen, www.winter-in-schwetzingen.de
- ÖPNV: Bus 717, Haltestelle Schwetzingen Schlossplatz

TICKET
SHOP

Die ruhige Kugel schieben

Boule spielen an der Burgstraße

Am Burgtor zwischen den Bäumen kommt spätnachmittags ein Frankreichgefühl auf. Es wird Boule gespielt. „Bist du schon leer?", fragt ein sportlicher Mitspieler seinen Gegner. „Ich habe das Cochonnet fast getroffen!" Das bedeutet „Schweinchen" auf Französisch. Französische Worte vermischen sich mit Hochdeutsch und Pfälzisch.
Angefangen hat die Speyerer Bouletradition mit Holzkugeln und den Kindern der französischen Soldaten, die über 50 Jahre in der Pfalz und auf dem Normand-Gelände in Speyer stationiert waren. Später spielte man mit Plastikkugeln, heute verwenden die Boulesportler Kugeln bester französischer Qualität. Boule kann man lebenslang spielen. Das sieht man an den Ü90-Mitspielern wie dem „kleinen Franzosen" Eugen Flicker, der seit Jahren ein deutsch-französisches Bouleturnier in seinem Garten ausrichtet, oder dem ehemaligen Unternehmer „Elektro-Paul", der sich in den 1970er-Jahren für den Bouleplatz am Burgtor stark gemacht hat. Der Platz ist für Nichtwissende unscheinbar, die Freizeitsportler aber treffen sich werktags für zwei Runden am Nachmittag. Zu Spitzenzeiten im Sommer spielen bis zu zwölf Männer und Frauen mit. Über mehr und jüngere Mitspieler würden sich die frankophilen Boulespieler freuen. Die Speyerer Sportler halten sich im Vergleich zu den französischen Kollegen, die mit Pastis, Rotwein und Baguette in der Hand spielen, für „arme Boulespieler". Es wird höchstens ein Bier auf der Bank getrunken, aber nie während des Spiels. Wie in Frankreich ist es allerdings Gewohnheit, dass Neulinge einfach vorbeikommen und reinschnuppern können. Jedes Spiel geht bis 13 Punkte. Ein Mitspieler dreht an seinem Zählwerk in der Hand, das einem Zahlenschloss ähnelt. Im Zweifelsfall werden die Abstände der geworfenen Kugeln zum „Schweinchen" gemessen. Auf der Bank am Rand liegt das Maßband bereit. Wenn es ganz eng wird, greifen die Spieler auch mal zur Pipette. Deutsche Präzision im französischen *réglement* sowie Freiheit, Gleichheit und Brüderlichkeit in Speyer.

TIPP

Mehr Frankreich in Speyer findet man in der Bibliothèque Française oder beim Chor ChansonNettes.

- Bouleplatz, Ecke Burgstraße/Obere Langgasse, 67346 Speyer
- ÖPNV: Bus 561, 562, 563, Haltestelle Obere Langgasse

Traut euch!

Kultur(hof) und Weinreben hinter dem Rathaus

Hochzeit, Musik und Wein – das alles wird im und am Historischen Rathaus von Speyer miteinander verknüpft. Gut erkennbar ist das Barockgebäude von 1725 an seinem verspielten weißen Balkon, wo „Königin Stefanie" alias Bürgermeisterin Seiler zum Brezelfest dem Volk winkt, und an dem krapproten Anstrich. Schließlich nutzten auch die mittelalterlichen Speyerer Färber die Echte Färberöte aus der Krappwurzel. Doch zurück – zum schönsten Tag im Leben vieler Speyerer (Altstadtfest und Brezelfest ausgenommen): Knapp 500-mal im Jahr heiraten Menschen in Speyer, sehr viele davon im ehrwürdigen Trausaal, dem ehemaligen historischen Stadtarchiv. Die hölzernen Archivschränke und die Empore mit verziertem Geländer lassen die Hochzeitspaare feierlich glänzen und geben ihren Segen wie 300 Jahre alte Ahnen. Eine Etage darüber befindet sich der Rokokoratssaal, der mit seiner prächtig bemalten Decke und Akustik die Musik bei Kammerkonzerten feiert.
Ganz andere Töne oder gar keine Geräusche dringen aus den beiden Innenhöfen hinter dem Rathaus hervor: Seit 2001 locken Kunstverein, Städtische Galerie, Winkeldruckerey und das ZimmerTheater Neugierige, Kultur- und Kunstsinnige in den Kulturhof Flachsgasse. So inspirieren japanische Maler, Speyerer Grafiker oder Saarbrücker Bildhauerinnen das Publikum in den großzügigen, hellen Ausstellungsflächen. Einen Hof weiter befindet sich der Alte Stadtsaal, der dem Kinder- und Jugendtheater eine Bühne gibt und 2022 frisch renoviert wurde: Hier also trauen sich Kinder, Marionetten, Schauspieler, Poetry Slamerinnen, Konzertpianisten, Comedians oder Balletttänzer ins Rampenlicht. Bravo! Ein Kunstwerk der Natur bekommt man auf der anderen Seite des Innenhofs zu sehen: An der Rückwand des roten Rathauses wachsen Ruländerreben. Der Nicht-Winzer Johann Ruland päppelte um 1700 zwei Rebstöcke in Speyer auf, die seither als Grauburgunder in aller Munde sind. Wer davon probieren will, setzt sich einfach im Innenhof an einen Ratskellertisch und genießt den Wein.

- Historisches Rathaus und Ratskeller, Maximilianstraße 12, 67346 Speyer
- Kulturhof, Flachsgasse 3, 67346 Speyer, www.kunstverein-speyer.de
- ÖPNV: Bus 564, 565, 568, Haltestelle Dom/Stadthaus

Immer dem Grunzen nach

Frühling auf der Ketscher Rheininsel

„Ab auf die Insel", heißt es im Frühling um Speyer herum. Gemeint ist die Ketscher Rheininsel mit ihrem Naturweg. Gut gebettet liegt sie zwischen Rhein und Altrhein mit einer Vegetation, die im Winterhalbjahr gern die Füße im schlammigen Wasser hat: Der Auwald aus Stieleichen, Eschen und Ulmen, aus Strauch- und Silberweiden steht gern im Hochwasser. Doch im März läuten die ersten Sonnenstrahlen den Frühling ein. Frisches Grün sprießt aus dem Graubraun empor, die Artenvielfalt explodiert nach der Winterpause.

Schon von der wunderschönen Holzbrücke, die vom Ketscher Ortskern auf die Naturschutzinsel führt, erkennt man den Frühling am Duft: Junge Bärlauchtriebe breiten sich wie ein grüner Teppich auf dem fruchtbaren Boden des Hartholzauenwaldes aus. Sie verströmen ihren intensiven Knoblauchgeruch und betören die Sinne der Spazierenden. Einatmen, ausatmen, aufatmen: Es wird wohlig wärmer draußen und man erhascht immer öfter einen Blick auf die Tiere, die sich hier verstecken und pudelwohl fühlen, zum Beispiel Muscheln, Krebse und Prachtlibelle, Barbe und Hecht, Erdkröten und Wasserfrösche, Eisvögel, Kormorane und Waldohreulen. Die Lieblinge der menschlichen Inselflaneure aber sind die Frischlinge, die zwischen Januar und März im Wildschweingehege am Försterhaus zur Welt kommen. Vom Zaun aus sieht man ihnen zu, wie sie sich fröhlich fangen, überrumpeln und dabei quieken, bis Mama oder Tante Bache sie mit einem geradlinigen Grunzen zurechtweisen. Das Naturschauspiel weckt die Lebensgeister. Bunte Kleidertupfer durchziehen den Inselauwald entlang des Leinpfads, der Ketscher oder Brühler Allee. Das Beste kommt bekanntlich zum Schluss, wenn man nach einigen Kilometern im urigen Auwald Licht und Bewegung erahnt: Man erreicht am anderen Ende der Insel den Rhein an Flusskilometer 407. Sehnsüchtig späht man entlang des Rheinufers auf die vorbeischippernden Schiffe nach Basel oder Rotterdam und freut sich auf das, was der neue Sommer bringt.

TIPP

Das erste Eis der Saison in der Böttgerstraße im Eiscafé Ketsch genießen.

- Rheininsel Ketsch, Im Bruch 2/1, 68775 Ketsch
  www.rheininsel-ketsch.net
- ÖPNV: Bus 710, 717, Haltestelle Ketsch Bahnhof

Bienvenue: Es ist offen!

Bibliothèque Française

Es lebe die deutsch-französische Freundschaft. In Speyer lebt sie definitiv weiter, auch wenn die Truppen der französischen Armee 1997 nach über 50 Jahren abgezogen wurden. In der Domstadt wird häufig Französisch gesprochen und gesungen, gern à la française Käse gegessen und Wein getrunken oder aber Boule gespielt wie im Süden. So etwas wie die inoffizielle „französische Botschaft“ in Speyer finden Franzosen und Frankophile in der Bibliothèque Française, die der Community in der zweiten Etage im Haus der Vereine eine Heimat bietet. Die Bibliothek hält eine reiche Auswahl von mehr als 6700 Medien für Klein und Groß bereit: Romane, Biografien, Krimis, Sachliteratur, Lehrbücher, Zeitschriften, CDs, DVDs und Videos bilden die Nutzer auf Französisch weiter oder unterhalten sie. Am beliebtesten sind die *bandes dessinées,* die großformatigen frankobelgischen Comicbände. Kinder mit französischen Elternteilen finden hier ein sprachliches Zuhause in rund 1000 ausleihbaren Bilder-, Kinder- und Jugendbüchern oder Filmen.

TIPP

Deutschsprachige Kinder- und Erwachsenenliteratur gibt es in der Stadtbibliothek (Bahnhofstraße 54).

Doch man kann hier auch gut verweilen oder an der *heure de récréation,* den Lese- und Spielnachmittagen für zweisprachige Kinder, teilnehmen: Wer am Mittwochnachmittag oder samstags (im Zwei-Wochen-Rhythmus) in die Altbauräume der Bibliothek kommt, fühlt sich schnell wohl. „C'est ouvert. Bienvenue!“ Unkompliziert parliert man mit frankophonen Menschen, die während der Armeezeit oder gerade erst nach Speyer gekommen sind oder die die französische Kultur, Literatur und Sprache einfach lieben. Diese bereichert die Speyerer Kulturszene auch mit bilingualen Lesungen für Kinder und Erwachsene sowie französischen Kinoabenden, bei denen die neuesten Tragikomödien oder alte Klassiker mit französischen Untertiteln in Zusammenarbeit mit und in der Volkshochschule (Villa Ecarius, Bahnhofstraße) gezeigt werden. Wer statt Kino lieber Musik mag, findet bei den ChansonNettes das passende Amüsement: Der Chor probt und singt Lieder aus dem französischen Chanson.

- Bibliothèque Française, Haus der Vereine, Rulandstraße 4, 67346 Speyer
www.bf-speyer.de
- ÖPNV: Bus 562, Haltestelle Salierstraße oder Else-Krieg-Straße

CÉLINE DENJEAN
MATRICES
Riad Sattouf
L'ARABE DU FUTUR 5
LES PLUS FOLLES
HISTOIRES DU SOIR
PAS DE COURIR
MATHIEU PALAIN
« Fast, furious et fascinant ! »
Fischer
PRIX RENAUDOT
Journal d'un dégonflé
Carnet de bord de Greg
Roucoule est amoureuse
Guide à l'usage des parents d'enfants bilingues
POILU
Histoires de Barnabé le Scarabée
Camille la Chenille
Maud la Taupe

Fit wie das Eichhörnchen

Trimm-dich-Pfad im Speyerer Stadtwald

Dem eng bebauten Speyer muss man (nicht nur bei 40 Grad Celsius im Sommer) immer mal entfliehen. Raus an die frische Luft, am besten sportelnd. Am frischesten (und kühlsten) in der nächsten Umgebung ist sie im Speyerer Stadt- und Bürgerhospitalwald. Das wissen Hundebesitzer am allerbesten, die ihren Vierbeiner gern an der Iggelheimer Straße (L528) auf Höhe der Natostraße aus dem Kofferraum in Natur und Fitness entlassen. Hier fühlen sich auch die Menschen ohne Hund, aber mit Joggingschuhen, dem Fahrrad oder Nordic-Walking-Stöcken pudelwohl.

Ein grünes, leicht verwittertes Schild markiert den Trimm-dich-Pfad Speyer bis zur Walderholung – mit diesem Programmvorschlag: Als Warm-up soll man eine lockere Runde auf dem 1,5 Kilometer langen Waldweg entlang der 20 Stationen laufen. Der Boden ist sanft gepolstert mit Laub. Unter den jahrzehntealten meterhohen Kiefern, Eichen und Buchen, die durch unterschiedliche Höhen und Dicken gewappnet sind für die Klimaveränderungen, kommt man gut durch und voran. Saubere Waldluft strömt in die Lungen der Sportiven. Zurück am Ausgangspunkt lockert man die Muskeln, setzt sich kurz in eine der Holzsitzgruppen und geht zum 10- bis 20-Minuten-Stretching über. Die Schilder 1 bis 9 leiten an, die Muskeln an Waden, Oberschenkel, Gesäß, an Hüftbeuger, Beinrückseiten, Schulter und Rumpf zu dehnen. Pappeln oder Buchen halten den Gegendruck aus, der Waldboden ersetzt die Matte. 25 bis 30 Minuten beugen, kreisen, schwingen oder hangeln auf weiteren elf Stationen. Die meisten Sportgeräte leuchten als rote und grüne Holmen oder Barren durch die Blätter, andere liegen unscheinbar holzfarben im Laub, wie die Baumstämme, die man im Hocksprung bewältigen soll. An Station 15 liegen echte Rundholzstämme auf einem Stapel bereit: Man legt sie auf die Schultern und macht Kniebeugen mit Gewicht aus der Natur. Wer noch mehr Bewegung und Naturreize braucht, besucht Waldspielplatz, Barfußpfad, Kletterwald oder Tennisanlage rund um die Walderholung. Sport frei!

TIPP

In der Gaststätte Waldeslust nebenan bekommt man zum Cooldown frisch gezapftes Augustiner Bräu.

- Trimm-dich-Pfad, zwischen Iggelheimer Straße, Natostraße und Erster Richtweg, 67346 Speyer
- ÖPNV: Bus 569, Haltestelle Lyauteygelände

Mittendrin statt nur vorbei

Keramikcafé middedrin in Reilingen

Mindestens eine Keramikschönheit wird man mitnehmen: Wird es das naturweiße Milchkännchen fürs eigene Zuhause? Oder die türkisfarbene Frühstücksplatte für die Freundin? Oder der kleine Keramikanhänger fürs Patenkind? Im Café middedrin in Reilingen sitzt man bei einer getöpferten Tasse Cappuccino oder einem Chai Latte mit Apfeltarte zudem in einer Ladengalerie für Schönes und Leckeres. An diesem Mehrfach-Glücksort in der Dorfmitte des 7000-Seelen-Orts wartet für jeden das passende Kunstwerk. Eveline Bareiß, die unter dem Label terraPotta alltagstaugliche Keramik in schlichtem Skandinavien-Design töpfert, hat sich mit der Eröffnung des Ladens 2019 einen Herzenswunsch erfüllt. Sie und ihre Mitarbeiterinnen, selbst Künstlerinnen und ihre Freundinnen, verwöhnen die Reilinger und Nachbarstädter, die geplant ins oder zufällig am Lädchen vorbeikommen, mit Keramik, Kreativem und Kursen.

TIPP

Hier findet man auch handgemachte Klemmmappen und Leporellos mit schönen Prints von Flexi-Buch.

Über zwei Seiten erstrecken sich die Schaufenster, die Einblicke in neue Ware und Ausblicke beim Kaffeetrinken gewähren. Doch noch spannender ist es, vor oder hinter dem Fenster sehen zu können, wer denn gerade im „Reilinger Wohnzimmer“ sitzt oder daran vorbeiläuft. Erspäht man die liebe Nachbarin oder die alte Schulfreundin, trinkt man gemeinsam eine Tasse Tee. Liebe Leute versammeln sich im hyggeligen Café mit dem Selbstgemachten aus Ton, Textil, Papier, mit Gewürzen, Honig, Schnaps oder Schokolade. Hier findet man für die, die man gerne beschenkt, ein Mitbringsel von Lunchbags aus Winzerstoff über Haarseifen und Holzarbeiten bis zu Kinderoveralls mit tollen Prints.

Wem der Ein-Laden-Einkaufsbummel zu passiv ist, der kommt einfach zu den kleinen Events wie dem Pub Quiz oder dem Kalligrafieabend hierher. Oder aber man wird beim Töpfern und Drehen in der terraPotta-Keramikscheune nebenan aktiv. In Workshops zeigt Eveline, wie man Schüsseln, Tassen, Fliesen oder die vielfältig einsetzbaren Eierblumen aus Ton formt, gestaltet und glasiert – und das Glück in der Hand hat!

- middedrin und terraPotta, Schulstraße 18, 68799 Reilingen, Tel. (0 62 05) 2 55 24 53, www.middedrin-reilingen.de
- ÖPNV: Bus 717, 718, Haltestelle Reilingen Rathaus

Wie Sand am Meer

Binnendünen im Stadtwald

Im Winter wie Sommer bekommt man beim Spaziergang zur Sanddüne Urlaubsgefühle. Das Meer stellt man sich einfach vor. Beschützt von Kiefern, Birken, Eichen und Büschen erstreckt sich ein 250 Meter langer, 30 Meter breiter und 5 Meter hoher natürlicher Sandkasten mitten im Stadtwald am westlichen Rand von Speyer. Weite, Wildheit, Wohlgefühl: Hier angekommen, nimmt man einen tiefen Atemzug der harzig-holzig riechenden Luft, streckt die Arme aus und bereitet die Verschnauf- oder Picknickpause im Sand vor (unbedingt Müll mitnehmen!). Wer will, zieht die Schuhe aus und spürt die Sandkörner unter Fußsohlen und zwischen den Zehen. Der Blick in den Himmel schenkt blaue Farbe. Zitronengelbe Schmetterlinge und blaue Libellen spielen freiheitlich Fangen. Wilde Waldvögel schenken exklusive Tschilp- und Zwitschergeräusche. Und das Highlight ist der vom BUND zum „Heimlichtuer des Jahres 2022" gekürte tierische Exot: der Ameisenlöwe. Vor ihm braucht man allerdings keine Angst zu haben, denn der 1,5 Zentimeter kleine Netzflügler wartet im Sand und im Sandtrichter unter der Oberfläche auf Ameisen oder Spinnen als Beute. Sitzt man ruhig und geduldig, kann man die Ameisenjungfern beim Graben und Werkeln beobachten. Naturbeobachtung verströmt Ruhe und Erholung, wie man sie auch am Strand bekäme: Holzstämme liegen wie Treibholz auf dem Sand. Zapfen liegen unter einer Insel aus miteinander verschlungenen, Schatten spendenden Kiefern. Besenheide hält den Sand an der einen Flanke auf Position.

TIPP
Auf dem 2 Kilometer langen Dünenpfad Dudenhofen informieren Tafeln über Geologie, Flora und Fauna.

Apropos Position: Wie kommt eine Düne mitten in den Wald? Entstanden sind die Binnendünen vor circa 12.000 Jahren. Während der letzten Eiszeit lagerten sich Sand aus dem Flussbett des Rheins sowie Buntsandstein aus dem Pfälzerwald hier ab. Dass die Binnendüne so überraschend sichtbar ist, liegt am Militär, das in diesem Fall Glück statt Unglück gebracht hat.

● Binnendüne, Stadtwald Speyer, Parkplatz an der Walderholung, 67346 Speyer
www.lebensader-oberrhein.de
● ÖPNV: Bus 569, Haltestelle Lyauteygelände

Stempel- statt Leistungsdruck

Art-Journaling-Workshop im Mara Kreativstudio

Bitte bereitlegen: Malkasten, Schere, Skizzenbuch. Mehr braucht es eigentlich nicht, um die eigene Kreativität auszuleben. Na ja, noch schöner ist Kreativsein in Gemeinschaft und an einem Glücksort: So einer ist das Mara Kreativstudio. Im Wintergarten ihres Wohnhauses hat die ehemalige Modedesignerin Tamara Egem ein kleines, feines Atelier eingerichtet. In Workshops holt sie Menschen, die in Kunst Ruhe finden oder es lernen wollen, an einen Tisch. Sie will ihnen das Gefühl geben, das sie selbst jahrelang gesucht hat: frei sein, bei sich sein, Künstlerin sein. Und zwar beim Art Journaling, bei dem man aus Materialschnipseln, Kunst und Papier ein eigenes Kreativtagebuch gestaltet und bindet.

Aber erst einmal ankommen: Man geht einige Stufen hinunter ins Kreativstudio, eingerichtet mit Vintagemöbeln und kleinen Kunstwerken an der Pinnwand. Die Inspirationsfarbe Pink setzt wohlige Akzente. Der erste Blick schweift in die grüne Weite des großen Gartens. Das inspiriert, das erdet. Tamara hat Acrylfarben, Stofffetzen, Alt- und Vintagepapier, Pinsel, Gesso, Tusche, Magazine, Stempel, Stifte, Nadel und Neonfaden bereitgelegt. Mit Tipps, Tricks und Techniken führt sie ans freie Kreativsein heran. Kein Bild muss entstehen, kein Ergebnis erreicht werden. Zwei Freundinnen, die aus Hamburg angereist sind, greifen zu und probieren etwas aus: Eine schreibt, klebt und tupft. Die andere pinselt, stempelt und klebt. Zwei Teenager aus Speyer wühlen und grübeln noch: Acryl oder Aquarell? Hell oder dunkel? Streichend oder schmierend? Tamara besänftigt die Angst vorm weißen Blatt Papier: Alles ist richtig. Erlaubt ist, was aus Kopf, Herz und Händen kommt. 1 Stunde später sind die Teilnehmerinnen bei sich, im Hier und Jetzt, im Flow. Alltag und Leistungsdruck sind weit weg. 4 Stunden später sind bunte Seiten entstanden. Letzte Akzente werden gesetzt. Mit einigen Stichen mit neonpinkem Garn verbindet Tamara die Papierkunstwerke mit einem Buchrücken. Das Statement: meine Kunst, mein Glück.

TIPP

Im Art Journal Club des Mara Kreativstudios trifft man sich regelmäßig online.

- Mara Kreativstudio, Kardinal-Wendel-Straße 5a, 67346 Speyer
www.marakreativstudio.de
- ÖPNV: Bus 563, Haltestelle Stengelstraße

Walk the Woogbach

Am Woogbach entlang

„Bevor wir verkalken, lasset uns walken", heißt ein Spruch aus der Nordic-Walking-Szene. Also los geht's, raus an die frische Luft, natürlich mit Stöcken und in Sportoutfit! Am besten und schnellsten startet man in Speyer-West stadtnah am Woogbachpark unterhalb der Brücke der Theodor-Heuss-Straße. Mit dem Anblick des frei fließenden Woogbachs kommt man selbst gut in den Flow: Seit 2015 ist der 9 Kilometer lange Seitenarm des Speyerbachs renaturiert, schlängelt sich entlang eines sandigen, aber festen Wegs der Woogbachaue um Pappeln und Ulmen, um Schafgarbe, Sumpfschwertlilie und Spitzwegerich westwärts in Richtung Dudenhofen. Go West mit dem Sonnenuntergang!

Neue Nordic Walker achten lieber erst mal auf den Körper statt auf die Natur: Bewegt man beim Gehen diagonal zeitgleich rechten Arm und linkes Bein und umgekehrt? Mit der Zeit kommen Oberkörper und Rücken durch die Armbewegung und den Stockeinstich in Schwung. Tut das gut! Gestresste und Sportive stoßen sich powervoll mit dem Stock vom Sandboden ab. Gemütliche lassen die Seele von Baum zu Baum baumeln. Geschwätzige haben sogar die Puste, um walkend mit der Freundin zu *verzähle.* Enten begleiten den Wasserweg. Radfahrer, Spaziergänger und Kleingärtner teilen sich dieses Idyll und grüßen freundlich. Ein, zwei kleine Brücken machen auf der anderen Woogbachseite neue Pfade durch dschungelhafte Baumhöhlen frei.

Wer es lebhafter mag, kann vom Woogbachpark an der Friedrich-Ebert-Straße in die andere Richtung gen Rauschendes Wasser gehen, walken, joggen oder radeln. An der offen liegenden Naturinsel spielen Kinder mit ihren Booten. Natursteine und Bänke, die West-Banks, laden zum Sitzen, Verschnaufen und Beobachten ein. Wer großes Glück hat, entdeckt am Woogbachufer den wohl putzigsten tierischen Bewohner: die Nutria, eine Biberratte mit langen weißen Schnurr- und Tasthaaren an der Nase. Die pelzigen Nager und guten Schwimmer leben tag- und nachtaktiv in gegrabenen Höhlen an der Uferböschung oder lassen sich bei Fellpflege und Sonnenbad zuschauen.

TIPP

Der Stadtteilverein Speyer-West am Berliner Platz hat Malaktionen, Flohmarkt oder Qigong im Angebot.

- Woogbachpark, Ecke Theodor-Heuss-Straße/Friedrich-Ebert-Straße, 67346 Speyer
- ÖPNV: Bus 562, Haltestelle Am Woogbach; Bus 563, 569, Haltestelle Ludwig-Uhland-Straße

Allererste Sahne

Café und Konditorei Christmann in Waldsee

Immer der Nase, dem Zimtduft, dem Vanillearoma nach. Für die Waldseer Urgroßmutter von 89 Jahren ist es der tägliche Höhepunkt seit den 1970er-Jahren: In Schlappen geht sie gemächlich zu Christmann, um dort den weltbesten Käsekuchen zu kaufen. Schon früh am Morgen weht ein köstlicher Hauch Konditorei Christmann durch die Gemeinde. Gefühlt ist der Familienbetrieb ein Dorftreff für 8- bis 98-Jährige, das Ambiente wie in einer Puppenstube. Auf die wenigen Quadratmeter Ladenfläche vor den Theken passen zwei, drei Kunden, die übrigen warten geduldig vor der Tür. Man kommt ins Gespräch, lässt den Ältesten den Vortritt, tauscht sich über Käse- und Quetschekuchen aus oder die neuesten Beschlüsse von Gemeinderat und Bürgermeisterin. Ein Glück, dass man warten muss! Sonst wäre man zumindest als Nicht-jeden-Tag-Käsekuchen-Esserin mit der (saisonal angepassten) Auswahl aus Flockentorte, Marmorkuchen, Apfel-Schmand-Torte, Himbeer-Sahnetraum, Strudel, Nussecken, Schokotalern, Linzer Torte, Hefezöpfen, Erdbeerkuchen, Weckmännern, Nougat-Sahne, Zimtsternen, Plätzchen mit Gesicht, feinen Pralinen mit Schuss sowie zig weiteren Konditoreiverführungen überfordert. Wer sich setzen will, nimmt am Tischchen auf der Straße Platz und einen Kaffee zu sich oder bucht ein Plätzchen zum Frühstück, Kaffeeklatsch, zur Geburtstags- oder Trauerfeier im kleinen Caféraum. Auch hier geht es familiär zu.
Daniel Haslberger-Christmann, eigentlich studierter Lehrer, führt das Familiengeschäft mit seiner Mutter, einem treuen Konditoren- und Serviceteam fort – so wie seine Gründer-Großeltern und sein zu früh verstorbener Vater und Konditor Manfred Christmann es sich sicher erträumt hätten. Christmanns Kunstwerke und Köstlichkeiten bleiben nicht nur im Dorf. Längst wollen Verlobte aus Landau, Großunternehmen aus Limburgerhof, Kaufläden und Weinlounges aus Speyer ein Stück vom schmackhaften Kuchen abhaben. Also bringen die Christmann-Boten die mehrstöckigen Hochzeits- und Jubiläumstorten, die Lebkuchen und Schokoweihnachtsmänner von Waldsee in die weite, sich glücklich schätzende Welt.

- Café und Konditorei Christmann, Neuhofener Straße 7, 67165 Waldsee, Tel. (0 62 36) 5 26 74, www.cafe-christmann.de
- ÖPNV: Bus 572, Haltestelle Waldsee Partnerschaftsplatz

Öwwer de Brigg

Über die Salierbrücke radeln

595 Meter ist sie lang, keine Schönheit, aber das verbindende Element ans andere Ufer des Rheins: die Salierbrücke. Wer *rübermacht,* wird als Willkommensgruß an Land von drei schwäbischen Löwen, einem württembergischen Hirsch und einem badischen Greif angefaucht. Man ist angekommen in Baden-Württemberg, wo das Gras genauso grün ist, aber die Gelder manchmal ein bisschen schneller fließen als der Rhein. Zum Glück ist für die Speyerer die Welt hier nicht zu Ende, sondern erweitert sich um Ausflugs-, Arbeits- und Glücksorte *uff de annere Seit.*

Als die Salierbrücke wegen Bauarbeiten gesperrt war, hat man sie noch mehr schätzen gelernt. Denn nicht wenige arbeiten im Badischen oder fahren von dort aus in eine Speyerer Schule. Doch eine Gruppe Brückenüberquerer ist wohl am emotionalsten mit dem Bauwerk von 1956 verbunden: die Radfahrer. Nirgends sonst kann man aus der kleinen Vogelperspektive den Dom bestaunen oder der Wasser- und Strudelkraft des Rheins ins Auge schauen. Vom Speyerer Messplatz kann die Überfahrt losgehen. Die Auffahrt zur Rheinbrücke befindet sich am Brückenpfeiler an der Geibstraße. Kraftvoll in die Pedale tretend gelangt man über eine 800 Meter lange Rampe auf den linken oder rechten Brückenradweg, der auf einem abgetrennten Seitenstreifen die B39 begleitet. Oben angekommen kann man kurz verschnaufen oder aber man zieht durch bis zum schöneren Stopp auf der Mitte der Brücke. Man blickt auf der südöstlichen Seite der Brücke über die Brüstung auf die Flusskreuzfahrtschiffe und gen Neuen Hafen Speyer, auf der nordwestlichen Seite spektakulär auf das Ensemble Alter Hammer mit weißen Schiffen davor, dahinter der Domgarten und der überragende Dom mit den mintgrünen Dächern und Turmspitzen. Nach diesem Höhenflug kommt man am baden-württembergischen Ufer wieder auf den natürlichen Boden der Tatsachen zurück: Am Rheinstrand beim Luxhof in Altlußheim unterhalb der Brücke findet man schöne Kieselsteine zum R(h)einwerfen – und eine neue Perspektive auf Speyer.

TIPP

Vom Kiesstrand beim Luxhof kann man 15 oder 24 Kilometer weiter bis Schwetzingen oder Heidelberg radeln.

- Salierbrücke, Ausgangspunkt Messplatz, Geibstraße, 67346 Speyer
- ÖPNV: Bus 564, 565, Haltestelle Festplatz; Bus 717, Haltestelle Altlußheim Lußhof/Rheinbrücke

Fairtrade-Fachgeschäft

Weltladen Speyer

Warum sind die Speyerer so ein offenes Völkchen, freut und fragt man sich als Tourist oder Hobbysoziologin oft. Vielleicht liegt es am warmen Klima. Vielleicht an verschiedensten Kulturen, Ideologien und Religionen, die in Speyer lebten und leben lassen. Oder aber liegt es am Umschlagplatz Speyer, der viel Austausch mit fremden Waren bescherte? Stoffe, Wein, Fässer, Fisch oder Holzprodukte wurden als heimische Produkte verkauft. An einem Glücksort in Speyer werden Waren aus der ganzen Welt heute noch so wie vor Jahrhunderten verkauft: im Weltladen Speyer.

Das Team ist groß und großherzig, gut vernetzt und veranstaltet gern Modenschauen, Filmabende, Kunstausstellungen oder Straßenfeste im Sinne der Initiative „Eine Welt". Jeder der Ehrenamtlichen kann zu jedem Kleidungsstück, jedem Kuscheltier, jedem Currypulver, jedem Affenbrotbaum-Setzling erklären, wie diese unter fairen Bedingungen, oft in Handarbeit und in Kooperativen in Bangladesch, Peru, Indien oder im Senegal hergestellt wurden. An manchen Sachen steht sogar der Name der Näherin, der man über Tausende Kilometer hinweg den Lohn der Arbeit am liebsten selbst übergeben würde. Schließlich hat sie tolle Mode gemacht, die nichts mit Farbe oder Schnitt eines Kartoffelsacks zu tun hat, den man 1990 aus Mangel an Alternativen als faire Mode tragen musste.

TIPP

Einfach einen Fairtrade-Kaffee oder eine fair gehandelte Zitronenlimonade trinken.

Der Weltladen ist ein Mini-Kaufhaus des guten Gewissens und Geschmacks: Schönes und Nützliches wird in der Mode-, Lebensmittel-, Outdoor-, Deko- und Geschenkeabteilung präsentiert und schön dekoriert – von Taschen, Hosen, Schmuck über Bananen, Kokoschips, Wildkaffee sowie Hängematten, Decken, Hängesessel bis zu Porzellan, österlichen Hängehäschen und weihnachtlichen Filzengelchen. Der wohl größte Hingucker aber ist ein alter Bekannter: die Altpörtel-Wanduhr. Eine Kooperative in Kolumbien wurde eigens vom Weltladen mit dem Kunstwerk beauftragt. Der Takt des Pendels ist der Herzschlag der Welt, die hier ein ganzes Dorf ist.

● Weltladen, Korngasse 31, 67346 Speyer, Tel. (0 62 32) 7 82 85
www.weltladen-speyer.de

● ÖPNV: Bus 564, 565, 568, Haltestelle Dom/Stadthaus

AIRTRADE
Herzen
Taler
Kringel
DINKEL-QUINOA-GEBÄCK
tartufi
fair
Espresso Caramel
Garam Masala
Sahne Noisette

Sonne, Mond und Sternchen

Von der Sonnenbrücke zum Kloster St. Magdalena

„Vom Kuhdorf zur Metropole Germaniens“, beschreibt die Ausstellung im Archäologischen Schaufenster in Speyer den Aufstieg des Ortes im Mittelalter. Vom kleinen Städtchen mit großem Dom aus haben die Salier als Kaiser fast ein Jahrhundert das Heilige Römische Reich Deutscher Nation regiert und fanden in der Krypta des Doms die ewige Ruhe. Weitere mittelalterliche „Stars“ teilen sich die Grablege: Familienangehörige von Staufer und Kaiser Barbarossa oder von König Rudolf von Habsburg. Wenig ist im Stadtbild von der glanzvollen Mittelaltermetropole noch sichtbar. Doch ein Bauwerk schlägt die Brücke bis ins Jetzt: die Sonnenbrücke. Neben ihrem Alter, von 1241, ist auch ihr Standort ein Hingucker. Geht man am Edith-Stein-Platz neben dem Dom einige Stufen hinab in die Speyerer Altstadt, zieht die gepflasterte Sonnenbrücke alle Blicke auf sich. Unten angekommen, dreht man sich um 180 Grad und bekommt einen umwerfenden Komplettblick auf den Dom in seiner 144 Meter langen Pracht. Daneben steht in Eintracht das ebenfalls aus dem Mittelalter erhaltene Gasthaus zum Halbmond.

TIPP

Im Gasthaus zum Halbmond kann man in dieser Kulisse und mit Blick auf den Dom auch übernachten.

Beschaulich rauscht der Speyerbach unter den Rundbögen der früheren Nikolausbrücke hindurch; Moos, Gras und Farne begrünen sie. Ein moderner bronzener heiliger Nikolaus steht mittig auf der Sonnenbrückenbrüstung. Beschützte der Patron früher Schiffer und Fischer hier im Hasenpfuhl-Viertel, tut er es heute für Besucher, die sich für ein sonniges Foto vor ihm versammeln. Über die Sonnenbrücke ging vor 100 Jahren eine weitere Speyerer Berühmtheit zu ihrem Kloster St. Magdalena. Edith Stein. Die konvertierte Jüdin und promovierte Philosophin vermittelte als Lehrerin und frühe Feministin ab 1923 Mädchen Gedanken und Wissen über Gott und die Welt. In einer Ausstellung geben die aktiven Dominikanerinnen die Botschaft der Europa-Patronin Edith Stein weiter. Tag und Nacht ist diese Kulisse aus Sonne, Mond und Sternchen ein Glücksort.

- Sonnenbrücke und Gasthaus zum Halbmond, Sonnengasse, 67346 Speyer
- Kloster St. Magdalena, Hasenpfuhlstraße 32, 67346 Speyer
- ÖPNV: Bus 564, 565, 568, 717, Haltestelle Domplatz

Gasthaus zum Halbmond

Heimspiel

Gaststätte Am Altrhein in Heiligenstein

Sonntags herrscht in manchen Familien Schlafanzugmodus und das Glück der Gemütlichkeit. In anderen Häusern aber ist actionhafte Aufbruchsstimmung! Raus aus den Betten, kraftvoll frühstücken – und viele Fragen: Ist das Trikot überhaupt gewaschen? Bin ich schon nüchtern? Wie kommen wir eigentlich zum Spielfeld und ins Spiel? Ach, es ist ja Heimspiel und zum Rasen des FV Heiligenstein 1920/53 e. V. nicht weit. Idyllisch unterhalb des Dorfs Heiligenstein und hinter dem Altrheindeich in purer Natur gelegen, tobt an den gepflegten Fußballplätzen sonntags das pure Leben: Jung-dynamische Fußballer der 1. Mannschaft oder der 1b scharren mit den Stollen unterm Fußballschuh und beäugen die Auswärtsmannschaft. Mitschreier haben Aufstellung an der Bande genommen, um ihre sportiven Schützlinge anzufeuern. Vertreter der Alten Herren vergleichen die Talente der Nachwuchsmannschaft mit ihren eigenen. Los geht's: Flanken, dribbeln, Trikot zupfen, abgrätschen, pfeifen, Einwurf, passen, foulen, Eckball, Elfmeter – Parade! Die Mannschaft auf dem Rasen und die Fans an der Bande stöhnen, klatschen oder schreien vor Anfeuerung nach den ersten aufregenden Minuten. Weiter geht es spielend, stolpernd, schwitzend bis zur Halbzeit und angreifend bis zum Spielende. 2:1 – zufrieden gehen die Heiligensteiner in die Kabine und Duschen.

TIPP

Mit dem Fahrrad am Rheindeichweg entlang oder durch den Auwald am Berghäuser Altrhein spazieren.

Jetzt kommt der defensive, aber gepflegte Teil des Sonntags: Dafür sorgt die perfekte Lage der Gaststätte Am Altrhein direkt neben den Fußballanlagen. Ausflügler, Dörfler, Vorbeiradelnde, Städter – hier treffen sich Sport-, Natur- und Stammtischfreunde sowie Familien, die den Auslauf für ihre Kleinen schätzen. Es gibt solide, leckere pfälzische Küche im Biergarten, aber auch gegrillten Schafskäse, Peperoni oder Calamares, die Hungrige und Genießer wie eine Oase anlocken. Es ist wuselig, aber an alle gedacht: Auf die dehydrierten Kicker wartet ein gepflegtes Pils an der Theke. Für den großen vorderpfälzischen Durst gibt es eine große Rieslingschorle 05.

● Gaststätte Am Altrhein, In den Rauhweiden 50, 67354 Römerberg-Heiligenstein
www.gaststaette-am-altrhein.de
● ÖPNV: Bus 568, Haltestelle Heiligenstein Hallenbad

Bis es knallt!

Technik Museum Speyer

Wer beim Aufheulen von Flugzeugmotoren Pipi in den Augen bekommt oder beim Abstieg in den Bauch eines U-Boots fröhliche Schnappatmung, wird im Technik Museum Speyer überglücklich. Auf einer ausgedehnten Fläche in fünf riesigen Hallen sind Technikfreunde zu Land, zu Wasser und in der Luft in ihrer Welt. Mit offenem Mund und erstaunten Augen wissen sie nicht, was sie zuerst besuchen sollen: Bulldozer, Feuerwehrautos, Trabis, Porsches, Red Bull Stratos, Jagdbomber, Panzer, Dampflok, Straßenbaumaschinen, Drehorgeln, Motorräder, Geländefahrzeuge oder Flugboote?

Doch stopp! Nicht nur Ingenieure, Schrauber und der Techniknachwuchs sind hier im Glücksmodus, sondern eigentlich alle, die in Speyer von Türmen, Erhöhungen oder Balkonen auf die Stadt schauen: Denn ein Jumbojet der Lufthansa scheint hinter dem Dom gerade im stabilen Steigflug zu starten. Erst Schock! Dann Fokus! Zuletzt Erleichterung: Ah, die Boing 747 ist in 20 Metern Höhe nur montiert – und macht jedem spektakulär Lust auf das Museum. Über Wendeltreppen steigt man auf den begehbaren Flügel. Im Inneren liegt der Rumpf frei, der die Konstruktionen eines Frachtraums offenbart. Hinab geht's mit Adrenalin über eine Wendelrutsche zum Marinemuseum, dem Seenotkreuzer, dem Propellerflugzeug Antonov, dem Bundeswehr-U-Boot und dem Hausboot der Kelly Family.

Noch mehr Emotionen kommen in Europas größter Raumfahrtausstellung auf: Nirgends sonst kommt man dem Orbit so nahe wie an Sojus-Kapsel, Spaceshuttle BURAN, Wostok 1 Raumschiff, Mockup der Mondfähre Apollo 11 oder Mondauto. Astronauten wie Ulf Merbold oder Alexander Gerst befördern die Zuhörer hier als Gastredner auf Wolke 7. Noch spektakulärer wird es nur beim Brazzeltag oder an den Science-Fiction-Tagen: Dann tuckern, knattern, zischen und qualmen Höllenmaschinen wie Brutus, Rennmotorräder oder Allradtrucks auf Renn- und Schlammpisten. Oder Storm Trooper, Transformers, Marty McFly, Rocket Racoon, Captain America, Chewbacca oder Dr. Strange erobern das Technik Museum.

● Technik Museum, Am Technik Museum 1, 67346 Speyer, Tel. (0 62 32) 6 70 80
www.speyer.technik-museum.de
● ÖPNV: Bus 564, 565, Haltestelle Technik-Museum

Lufthansa

Die Toskana für zu Hause

Peterhof Hanhofen

Menschen brauchen Blumen und Pflanzen. Nicht nur für den Sauerstoff oder um Balkon und Garten zu verschönern. Sondern für die Seele, die Freude an Farben und Formen – und den Sonntagsausflug. Denn statt Spaziergang am Rhein, Museumsbesuch oder Frühschoppen in der Weinstube kann man sonntags auch mal in die 10.000 Quadratmeter große Toskana nach Hanhofen reisen: zum Peterhof. Im dortigen Freiland-Pflanzenmarkt, so groß wie ein reizvoller Park, warten ganzjährig blättrige und blumige Vertreter vom Mittelmeer darauf, bewundert – oder aber neuer Mitbewohner zu werden. Schließlich sind sie Stimmungsaufheller bis in die Blatt- oder Nadelspitzen. Schon am Parkplatz riecht es rosig und zypressenölig. Man nimmt einen tiefen Atemzug. Auch das Ohr lauscht einem wohligen Wasserplätschern. Daneben freut sich das Auge über Spalier stehende immergrüne Sträucher von Glanzmispel über Portugiesischen Lorbeer bis zum Heiligen Bambus, dessen Früchte besonders im Winter knallrot leuchten.

Der Peterhof-Standort wird üppig von Sonnenstrahlen verwöhnt und reich von der Natur beschenkt: Erikafarben blühender Toskanischer Flieder, über 2 Meter hohe Säulenzypressen, hellgelbe Blütenstände an Ölbaumgewächsen sowie Palmen sind hier wie im Dschungel in Boden oder Pflanzkübeln verwurzelt. Gäste schlendern an jungen Apfel-, Feigen- oder Aprikosenbäumchen vorbei oder um die Hochbeete mit roten Edel-, rosa Beet- und lachsfarbenen Strauchrosen. Bevor man geht, schlüpft man noch mal ins feine Landlädchen und Gartenhaus, das mit seinen skandinavischen Vintage-Kerzenhaltern, Wimpelketten, Vasen, Briefkästen, historischen Spielzeugen, gestickten Wohntextilien oder Schafwolldeko an das schwedische Haus von Astrid Lindgren erinnert. Der Appetit wird beim Sonntagsausflug angeregt. Jetzt muss man nur noch auf Montag bis Samstag warten. Wenn man dann zu den Verkaufszeiten wiederkommt, nimmt man sich von drinnen oder draußen ein Glücksgefühl für zu Hause mit und blüht wieder auf.

TIPP

Auch die Amphoren und mediterranen Pflanzkübel der Terrakottawerkstatt bereiten Glücksgefühle.

● Peterhof Pflanzen, Peterhof 1, 67374 Hanhofen, Tel. (0 63 44) 5 08 05 61
www.peterhof-pflanzen.de
● ÖPNV: Bus 507, Haltestelle Hanhofen Abzweig Harthausen

International isst gut

Exotischer Restaurantbummel in Speyer

Lust auf kulinarische Abwechslung von Pfälzer Hausmannskost? Typisch Speyer kann man auf wenigen Quadratmetern auch internationale Küche finden. Starten wir zum Beispiel mit einer Vorspeise vom Mittelmeer in der Sux Restobar des Urpfälzers Philipp Rumpf: Man dippt die Patatas Bravas wie in Barcelona in die pikante Soße, kostet Dreierlei Linsensalat oder das mediterrane Pistogemüse. Wer *exclusivamente al español* essen will, geht für Tapas und Paella ins Noche Mediterranea im Lindner Hotel Binshof. Oder aber Hauptsache Italien: Im kleinen Picco Bello macht der aus Sizilien stammender Padrono mit seiner ganzen Familie und Olivenöl aus der Heimat die Gäste mit üppigem Salat und Meeresfrüchten, saftiger Pizza, gefüllten Gnocchi mit Mandel-Maronen-Pesto oder Dorade Bella Vista glücklich. Ähnlich familiär ist es im nahe gelegenen Mediterraneo. Griechisch mächtig lecker wird es bei Schafskäse, Tzatziki, Souflaki und Bifteki im Gasthaus zum Domnapf oder im Restaurant Dionyssos am Eselsdamm.

Soll es noch exotischer sein? Dann ab nach Asien: Unbekannte Düfte, Gewürze, Kräuter und Kochkünste offenbart das vietnamesische Restaurant Lối Xưa in der Alten Zisterne an der Schützenstraße. Von Glasnudelsuppe mit Hühnerfleisch, Morcheln und Duftpilzen geht es zur Streetfood-Mixplatte, frittierten gefüllten Teigtaschen mit Black-Tiger-Garnelen und süß-saurer Soße oder geschwenktem Entrecote-Rindfleisch mit frischer Papaya, Mango und gerösteten Erdnüssen. Thailändisch wird im Krua Thai auf der Johannesstraße bedient. Hier bekommt man beispielsweise mit vegetarischem Kokosmilchgemüse und grünem Curry oder knuspriger Ente mit rotem Curry, Ananas, Peperoni, Thai-Auberginen und Thai-Basilikum eingeheizt. Ein umfassendes Kulturerlebnis wird im authentischen Japan-Restaurant Hinode geboten: Man isst Häppchen von Seetangsalat bis scharfes Kimchi, im Hauptmenü frittierten Tofu mit Dashi-Soße und Gemüsetempura oder Teriyaki-Tofu-Steak. Im Horigotatsu-Zimmer kann man stilecht ebenerdig am Tisch sitzen.

TIPP

Eine kleine Vielfalt aus aller Welt gibt es unter der Woche mittags im Café Pocco.

- Verschiedene internationale Restaurants, zum Beispiel Sux Restobar, Korngasse 31, 67346 Speyer
- ÖPNV: Bus 564, 565, 568, Haltestelle Maximilianstraße

SAU
MAGEN

Fühl dich umarmt

Waldbaden-Workshop mit Nadine Bub

Trifft man Nadine Bub im Speyerer Wald, lernt man, Alltag, Sorgen und Lärm in der Stadt zurückzulassen. Mitten im Grün, zwischen Kiefern und Birken, Farnen und Wurzeln, Erde und Himmel befindet man sich an einem Glücksort, einem Entspannungsraum der Natur: dem eigenen Inneren. Fürsorglich und mitfühlend begleitet Entspannungsexpertin Nadine ausgepowerte und Orientierung suchende Menschen bei einem ersten Waldspaziergang, stellt wie eine gute Freundin Fragen und hört aufmerksam zu, führt gehend ein erstes Gespräch. Körper und Geist kommen in Bewegung, die Seele mehr und mehr ins Gleichgewicht. Man atmet ein, atmet aus, spürt sich selbst, fühlt den Wald.

Groß, grün und beschützend ist er einfach da, doch man sieht die Kraft des Waldes manchmal vor lauter Bäumen nicht. Dabei kitzelt er vom Frühling bis zum Winter die Sinne wach: Im März schickt er erste wärmende Sonnenstrahlen zwischen den Baumstämmen hindurch. Im Juli schenkt er ein schattiges Blätterdach, im September duftende Früchte und Pilze und im Oktober buntes Laub, das sich mit der Erde verbindet.

Man blendet aus, was vorher war und was danach kommen wird. Man ist im Hier und Jetzt, im Wald, mit dem Wald. In Ruhe, Atmung, Wahrnehmung. Nadine und er sind Partner. Sie sagt das, was der Wald sagen will. Sie zeigt, was der Wald versteckt. Sie lässt fühlen, was der Wald an Kraft abgibt. Man riecht, fühlt, sieht und schmeckt. Man umarmt den Baum, lehnt am Baum, badet zwischen den Bäumen. Mit den Händen im Laub oder den Fußsohlen auf dem Moos kommt man zu neuer Energie. Meditation, Atmung, Haltung. Der Kontakt mit Nadine beruhigt, Grün beruhigt. Hier schlägt man Wurzeln und streckt die Arme in den Himmel. Von oben und unten fühlt man sich umarmt wie von einem lieben Menschen. Dieses Glück aus der Natur nimmt man mit in den Alltag und wird standhaft wie eine alte Eiche.

Waldbaden-Workshops mit Nadine Bub, 67346 Speyer, Tel. (01 51) 56 96 48 68, www.nadinebub.de

Wo geht's zum Paradies?

Badestrand am Steinhäuserwühlsee

Fragt man die Speyerer im Sommer nach ihrem Lieblingsort, hört man oft: der Bonnetweiher. Auswärtige und Neu-Speyerer suchen den Namen auf der Landkarte um Speyer vergebens. Denn offiziell heißt er Steinhäuserwühlsee und versteckt sich nur 100 Meter hinter Bäumen und dem außerstädtischen Gewerbe- und Einkaufsgebiet an Auestraße und Tullastraße.

Umrandet wird der See von dichten Büschen, Bäumen und Privatflächen. Denn eigentlich ist der türkisblaue See, rund 190 Fußballfelder groß, Eigentum der Familie Bonnet, ihrer Pächter, Reitclubs und Ponyhöfe wie der Löwenfarm. Bis 1975 wurde am Bonnetweiher Kies ausgebaggert, feiner Schleichsand ließ schöne flache Strände entstehen. Die Wasserqualität wird heutzutage gut kontrolliert. Seither zieht es die Speyerer mit Badehose, Stand-up-Paddleboard (SUP) oder Angel an den Steg oder den Strand, den man auf drei Wegen erreichen kann. Erstens: mit einer Parzelle am See. Dann hat man es in Speyer geschafft! Zweitens: mit Zelt oder Wohnwagen als Gast auf einem der Campingplätze, dem schlichten Camping Speyer oder der kleinen Campinganlage am Gut Thomashof mit Pferdepension. Oder drittens: als Badegast am Strand von Camping Speyer. In der stadtnahen Naturidylle wird man von Platzwart Brendel am roten Schweden- und Einlasshäuschen empfangen. Dann kann es dahinter nur erfrischend grün, kühl und nass sein! Ob auf der Liegewiese oder am feinen Sandstrand – zwischen Natur und Körperkultur fühlt man sich wohl wie im Paradies.

TIPP

Auch am Speyerlach-, Sonnen-, Binsfeld- und Kuhuntersee kann man schwimmen oder SUP fahren.

Die Frage „Wo bitte geht's zum Paradies?" erübrigt sich eigentlich. Doch plötzlich stellt sie der gerade ankommende hungrige Sonnenanbeter. Ach so. Man zeigt auf den gut sortierten Kiosk und das griechische Restaurant namens „Paradies am See" mit Weinblättern, Scampi, Feta, Bifteki, Gyros und Metaxasoße auf der Speisekarte und den familienfreundlichen Gastwirten inklusive. So schmeckt das Mittelmeer am Bonnetweiher – wie im Paradies.

● Camping Speyer mit Strand (Am Rübsamenwühl 11), Restaurant Paradies am See (Am Rübsamenwühl 31), 67346 Speyer
www.camping-speyer.de
● ÖPNV: Bus 569, Haltestelle Hasenpfühlerweide

Surreal und international

Künstlerhaus Speyer

Das kleine Speyerer Künstlerhaus neben dem Skulpturengarten versteckt sich etwas scheu hinter einem schönen braunen Holztor vor weiß getünchter Mauer in der Großen Sämergasse. Wer sich nicht auskennt, läuft in der kleinen Gasse einfach daran vorbei. Dabei lebt und arbeitet es hier am Vereinssitz des Künstlerbundes Speyer in den beiden winzigen Häuschen, die mit einem schnuckeligen Innenhof ein Ensemble bilden. Surreal, irrational, kolossal? Jedenfalls immer phänomenal sind die Ausstellungen der Mitglieder, der eingeladenen Maler, Bildhauer, Installationskünstler aus der Rhein-Neckar-Region. Mehrmals im Jahr schaffen die Künstler mit Öl, Acryl, Pinsel, Bleistift, Holz, Kunststoff, Papier oder Schere neue Welten an weißen Wänden der zwei Galerieräume, durch die Fenster schönes Licht hereinbitten.

TIPP

Bei der Speyerer Kult(o)urnacht kann man in Räumen und Innenhof des Künstlerhauses die Kunst feiern.

Hereinbitten und inspirieren möchte das Künstlerhaus gleichzeitig Kunstinteressierte oder vorbeischlendernde Gäste an den Wochenenden: Geöffnet ist samstags und sonntags während der Ausstellungsdauer. Meist 2, 3 Wochen lang offenbaren zum Beispiel auf Öl gemalte Frauenfiguren mit Dutt und Krähe neben zerbrochenem Regenbogen, wie es hinter der eigenen Fassade aussieht. Oder Kunstwerke von Pop-Art bis zur Skulptur im Lavastrom interpretieren das Œuvre des klassizistischen in Speyer geborenen Malers Anselm Feuerbach. Bildnis, Künstler und Betrachter treten in Kommunikation miteinander, tauschen Perspektiven und berühren ihre Seelen. Apropos Austausch: Highlight jedes Sommers ist der Aufenthalt eines Stipendiaten im Künstlerhaus. 2, 3 Monate werkeln dann Gastkünstler wie der technikbesessene Allen West aus den Vereinigten Staaten, der blinde Maler Keith Salmon aus Schottland, der farbenfrohe Richard Safari Karekezi aus Ruanda oder die subversive, politische Künstlerin Hasti Radpour aus dem Iran. Wer die grenzenlos inspirierende Atmosphäre des Künstlerhauses einmal einatmet, bleibt länger als die üblichen 11 Sekunden, die Besucher statistisch vor einem Kunstwerk verbringen.

● Künstlerhaus c/o Künstlerbund Speyer, Große Sämergasse 1a, 67346 Speyer, Tel. (0 62 32) 60 29 88, www.künstlerbund-speyer.de
● ÖPNV: Bus 564, 565, 568, Haltestelle Maximilianstraße

Zum Steak in den Wald

Naturfreundehaus Iggelheim s'Haisl

Natur und Freunde – was kann es Besseres geben? Über 25 Naturfreundehäuser gibt es im gleichnamigen Verein in der Pfalz. Unter der Nummer K 18 steht nicht weit von Speyer entfernt ein schönes, spielerisches Objekt im Vereinsregister: das Iggelheimer Naturfreundehaus, genannt s'Haisl. Der 9 Kilometer kurze Weg dorthin ist das Ziel. Vom Speyerer Stadtwald führt er über Asphalt und Wurzel in den Dudenhofer Friedwald und endet im Hanhofer Wald. Kiefern, Buchen, Tannen oder Eichen spenden Schatten. Frische Luft und leichter Appetit wehen einem entgegen. Zu Fuß oder mit dem Rad bewegt man sich bei Hanhofen an Feldern vorbei, nimmt eine Nase voller Frühlingszwiebel als Appetitanreger. Bald darauf schimmern ein *Waldhaisl* und bunte Kleidertupfer durch den Wald. Angekommen!

TIPP
Im Waldhaus Da Claudio gibt es italienische Rundumbetreuung.

Sonnenstrahlen flirren zwischen hohen Baumstämmen hindurch und beleuchten die dichten Blätter der Kastanien und Eichen rund ums Haisl, als wären sie auf einer Bühne. Apropos Bühne: Die Kinder haben längst den großzügigen Naturspielplatz aus Balken, Rutschen und Stelen entdeckt: „Mama, guck mal!", „Papa, ich kann das gut, gell?", rufen die Sprösslinge den hungrigen, an Bierbänken platzierten Erwachsenen zu. „Ich will Spätzle mit Rahmsoße!" Also kommen auch die Großen in Bewegung, bestellen im Innenraum des Naturfreundehauses frischen Salat als Vorspeise, Rumpsteak als Hauptspeise und *Quetschekuche* als Nachtisch.

Jeder Gang zur Theke macht fröhlich: Denn das Team von Hartmut Götten schenkt ein und aus und schäkert in pfälzischer Gemütlichkeit. Der Frohsinn schwappt wie frisches Bier oder Weinschorle auf die Gäste über. Vorausgesetzt die kleinen Naturfreundchen fallen draußen nicht vom Baumstamm oder in den Matsch. Vom Fleisch fallen sie jedenfalls nicht: Laut Speisekarte könnte man mittwochs hier zum Schlachtfestmenü mit *Metzelsupp* oder *Hooriche* (Kartoffelknödel) wandern, am Freitag zum Fischessen radeln und samstags zum Rumpsteak mit Pfeffersauce und Steakhaus Pommes walken.

● Naturfreundehaus Iggelheim, Hanhofer Straße 222,
67459 Böhl-Iggelheim, Tel. (0 63 24) 6 45 84
www.iggelheimer-haisl.de

Hip, Hipster, hurra!

Industriehof Garten

Spätestens seit Eröffnung des Industriehof Gartens 2020 ist Speyer um eine Sehens- und Erlebenswürdigkeit reicher: Die alte *Zellid,* die ehemalige Zelluloidfabrik mit bestens erhaltenen Gründerzeitgebäuden, bleibt zum Glück auch als neue Feierabendlocation bodenständig. So sind Eventleute der mobilen Weinbar Zur Weinkiste und Handwerker kreativ geworden und haben auf der grünen Wiese zwischen Backsteingebäuden mit Säge und Akkuschrauber einen stationären Bier- und Weingarten gezimmert. Ergebnis: perfekt improvisiert!
Rasen und Apfelbaum verströmen – neben dem coolen Überseecontainer – Gartenatmosphäre. In den benachbarten, schön erhaltenen Industrie- und Gewerbegebäuden werkeln Kfz-Mechaniker, Köche, Karosseriespezialistinnen und Klempner weiter. Man setzt sich an überdachte Terrassenmöbel oder fläzt sich in einen Liegestuhl auf dem Rasen. Von März bis Oktober und in der Adventszeit wärmen Lichterketten oder Feuer. Ob man mit den Schulkumpels „School 's out" feiert, mit der Freundin die Vorbeilaufenden inspiziert oder mit der Clique den neuesten Speyer-Klatsch austauscht: Man holt sich Flammkuchen, Eistee, Sommertraum-Schorle, Black Hugo, Storchen-Bier, Italicus Spritz oder ein Glas Berliner Luft in Selbstbedienung. Man nippt, prostet, trinkt, chillt, schwätzt, lauscht einem Livekonzert oder tanzt nach dem, was der DJ auflegt.

TIPP

Da kommt noch mehr: 2023 wird die Walzenhalle nebenan für die Partycommunity geöffnet.

Im jungen MALA Concept Store gegenüber kann man sich mit vielen kleinen nachhaltigen Labels einkleiden sowie nützliches Schönes für zu Hause mitnehmen. An Sommernachmittagen setzt man sich mit Chai Latte und veganer Zimtschnecke auf die Terrasse vor die Tür. Wer länger bleiben will, wechselt gen Abend einfach zum anderen Eingang der Box 45 in die gleichnamige Ginbar. Auf die Schönheit! Auf die Freundschaft! Auf die Liebe! Man will viele Gründe zum Anstoßen finden, um auf dem Chesterfield-Sofa oder den Barhockern die zahlreichen Sorten Gin, Tonics und Botanicals zu probieren. Jetzt gibt es keinen Grund mehr, ins hippe Berlin umzuziehen.

● Industriehof Garten, Franz-Kirrmeier-Straße 19, Industriehof Halle 2 E, 67346 Speyer, Tel. (0 62 32) 69 96 90, www.industriehof-garten.de
● ÖPNV: Bus 567, Haltestelle Franz-Kirrmeier-Straße

Zur
Weinkiste

Freiheit für Überflieger

Flugplatz Herrenteich Hockenheim

„Über den Wolken muss die Freiheit wohl grenzenlos sein", singt uns Reinhard Mai in seinem Kultsong aus den 1970er-Jahren bis heute ein Glücksgefühl ins Ohr. Am Flugplatz Herrenteich, Kürzel EDEH, am Rand von Hockenheim fühlt sich die Freiheit auch unter den Wolken recht grenzenlos an: Beschützt vom Rheindeich, gesäumt von grünen Wiesen sowie Kohlrabi- und Spargelfeldern und mit Odenwald-Silhouette am östlichen Horizont kann man hier als Mitglied des Sportfliegerclubs Schwetzingen, als Flugschüler, Gastpilot oder Fallschirmspringer des FSC Mannheim, aber auch als Fußgänger oder Radfahrer bestens verschnaufen.

Vor dem kleinen rot-weißen Tower – auch Luftaufsichtsbaracke genannt – sitzt und genießt man einen Aperol Spritz, eine Holunderschorle oder einen Cappuccino aus der Vereinsgaststätte im Liegestuhl mitten im saftig-grün-blumigen Gras. Wer größeren Hunger hat, bekommt Flammkuchen oder Burger im überdachten Biergarten. Man nippt am Glas, reckt die Nase in den Wind und richtet die Augen gen Himmel zur Flight Design CT Supralight, zur SF 25 E Superfalke, zur Hornet oder Discus, die in der Vereinsgarage zu Hause sind und samstags, sonntags und feiertags ausgeflogen werden. Die Weite erfüllt die Seele mit Freiheit. Im Kontrast zum dicht bebauten Speyer kann man hier seine Gedanken ausbreiten. Neben Vögeln drehen hier auch Zitronenfalter, Bienen und Hummeln ihre Flugrunden und landen auf den lila und gelben Blütenblättern von Löwenzahn, Allium, Distel oder Sumpfdotterblume. Wenn Schönwetter-Kumuluswolken die passende Thermik kreieren, kommen alle paar Minuten Segelflugzeuge, Motorsegler oder Ultraleichtflugzeuge aus Heidelberg oder Sylt an. Wie weiße Vögel mit langen Flügeln landen sie geschmeidig auf der 630 Meter langen Landebahn im Grünen. Parallel machen sich die Gastpiloten der Motorsegler nach dem Stopp bereit zum Abflug und werden gern vom F-Schlepp-Flugzeug hinaufgeleitet. Man winkt gedankenverloren und hat mit den Augen bald schon jenen winz'gen Punkt verloren.

TIPP

Wer Pilot werden will, kann samstags um 10 Uhr an Schnupperkursen teilnehmen.

● Flugplatz Herrenteich, K4250 zwischen Ketsch und Hockenheim, 68766 Hockenheim, Tel. (0 62 05) 1 63 33
www.sfc-schwetzingen.de

www.edeh.de
Sportfliegerclub Schwetzingen e.V.
N6563T
P

Sehnsucht nach Streetfood

Schmidts Deli im Industriehof

Speyerer Foodies folgen seit wenigen Jahren dem Duft des Industriehofs: An den nordöstlichen Outskirts der Domstadt gelegen, riecht es dort neuerdings nach Portobello-Pilzen und Pflaumencrumble. Der Grund sind Gastronomen wie Jürgen Schmidt, die Foodtrends in den Straßen der ganzen Welt aufspüren und Urban Streetfood nach Speyer bringen. Die passende Location für Schmidts Deli ist die ehemalige Schrauberhalle 76a im I-hof. Hinterm Rolltor werden in der Küche, in die man durchs große Ausgabefenster reinspitzeln kann, die Zutaten für Poutines, Dawgs, Edamame-Falafel oder Teriyaki-Chicken-Fritten gegrillt, mariniert und sautiert. Übersetzer gesucht? Die netten Servicekräfte im Schnellrestaurant bieten sich dafür an: Poutines beispielsweise stammen aus Quebec. Die knackigen Kartoffeln für die Pommes frites, die frischen Käsestückchen und die selbst gemachte Bratensoße sind (hand)made in der Pfalz und Kurpfalz. Die Schmidts legen Wert auf eine große Portion Heimat und bekommen frische Annabelle-*Grumbeere* (Kartoffeln), Salat oder Babyspinat von den Äckern ringsum, die Wurstwaren vom Hallischen Schwein vom Metzger aus dem Nachbarort oder die Dawg Rolls (spezielle längliche Brötchen) vom Bäcker auf der anderen Rheinseite. So verschmilzt die große weite Welt mit der kleinen Pfalz. Vegetarische und vegane Speisen sind hier auf Augenhöhe mit den Fleischgerichten.

TIPP

Im I-hof tummeln sich auch immer wieder mobile Thai- oder Cubano-Küchen, Foodtracks und mehr.

Unter der Woche holen sich Berufstätige in der Mittagspause Smashed Potatoes mit einer leichten Salatbowl als Takeaway (auch im Pfandsystem), während abends und am Samstag gemütlich essende Gäste im hyggeligen Wohnzimmerambiente ihren Burrata-Dawg mit Tomatenpesto, Rucola und argentinischer Steakhüfte in feinen Keramikschalen genießen. Luftig stehen wenige Hochtische und -stühle im offenen Gastraum, die petrolblaue Wandfarbe beruhigt und lässt die Wandlampen wie Blumen erstrahlen. Bei warmen Temperaturen wird die kleine Terrasse auf der Rückseite geöffnet. Wer doch etwas mitnehmen will, kann hier Feinkost wie Weine erstehen.

● Schmidts Deli, Franz-Kirrmeier-Straße 19, Industriehof Halle 76a, 67346 Speyer, Tel. (0 62 32) 3 14 56 85, www.schmidtsdeli.de
● ÖPNV: Bus 567, Haltestelle Franz-Kirrmeier-Straße

Sommer, Strandbar, SUP

Aloha Beach und SUP-Station Erlichsee

Bei brütenden 38 Grad Celsius Hitze, die sich gerne über mehrere Wochen in und um Speyer halten, sucht der Mensch eine Wasserstelle. Zum Glück ist die Umgebung dank des Altrheins mit Seen und Wasserarmen gesegnet. Bonnetweiher, Wammsee, Binsfeldsee oder Mechtersheimer See nehmen Badegäste und Kaltabduscher auf. Die Mischung aus Strandbad und Badesee gibt es am Erlichsee auf der badischen Seite in Oberhausen-Rheinhausen.

Liest man die Hinweisschilder am Eingang des kostenpflichtigen, gepflegten Strandbads mit Campingplatz, wähnt man sich gar nicht in Baden-Württemberg: Am Aloha Beach an der Erlichbay werden zur tropischen Sommerhitze tropical Cocktails à la Swimming Pool oder Piña Colada gereicht. Statt Palmen spendet ein grünes Blätterdach Schatten über dem Kopf. Die Füße steckt man vom Liegestuhl oder von den Palettensofas aus in den Sand. Heimisches Treibholz und exotische Bastdächer bilden die Kulisse für eine chillige Lounge Area. Den Blick richtet man aufs dunkeltürkisblaue Wasser. Daneben stehen rot, grün und gelb schimmernde Boards als Kontrast. Sie warten auf Wassersportler, die beim Stand-up-Paddling (SUP) aus eigener Muskelkraft in Fahrt oder ins Gleichgewicht kommen wollen. Die eigene Koordination des Körpers übernimmt beim SUP jeder selbst, die Eventkoordination bei Junggesellinnenabschied, Vereinsausflug oder Kindergeburtstag gern das Team des SUP-Verleihs an der Aloha Beachbar. Nach ein paar Trocken- und ersten Wasserübungen kommt man zum Stehen, ist stolz, kommt dabei ins Wackeln und platscht unter gemeinschaftlichem Gelächter ins abkühlende Wasser.

Auch Paddler, die ihr Brett (gegen Gebühr) selbst mitbringen, haben hier ausreichend Platz. Schließlich ist der See mit den umliegenden Gewässern verbunden. Noch sportlicher wird es, wenn man am SUP-Yoga oder SUP-Pilates teilnimmt und den Körper zum Sonnengruß auf dem Wasser halten lernt. Zurück an Land lässt man den Tag nach dem Sonnengruß bei Sundowner und Sonnenuntergang ausklingen.

TIPP

Auf der pfälzischen Seite verleiht und verkauft Trittbrett im Industriehof Paddleboards.

- Aloha Erlichsee, Adlerstraße 76, 68794 Oberhausen-Rheinhausen, Tel. (01 77) 7 98 26 28, www.aloha-erlichsee.de
- ÖPNV: Bus 128, Haltestelle Oberhausen Kirchplatz

ALOHA SUP!
WELCOME
KEIKI 8.4
MAKAIO
STREAM

Savoir-vivre in Dudenhofen

Patisserie & Chocolaterie J. Sprengart

Die besten Chocolatiers Frankreichs sitzen nicht unbedingt in Paris, sondern verstecken sich gern in der Provinz, zum Beispiel im 6000-Seelen-Ort Tain-l'Hermitage, wo die Edelschokoladenmarke Valrhôna beheimatet ist. So ähnlich ist es auch in und um Speyer: Der beste Chocolatier hat sein Geschäft nicht in Speyers City, sondern in Dudenhofen, versteckt zwischen zwei Wohnhäuserzeilen. Understatement außen, Klasse im Inneren: Betritt man die Patisserie & Chocolaterie J. Sprengart, wird man von fein drapierten kleinen Kunstwerken à la française begrüßt, farbenfroh und frisch zum Reinbeißen. Allein der Anblick beglückt Augen und Seele: Schokotörtchen mit Himbeere on top, zitroniges Petit Four, Pistazien-Macaron, Salzkaramell-Eclair, Valrhôna-Schokolade mit Rosenblättern. Schließlich nimmt Monsieur le Patisseur Johannes Sprengart nur feinste Schokolade aus Tain-l'Hermitage für seine Kreationen.

TIPP

Wer es lieber herzhaft mag, holt sich Gemüse, Wurst und Käse frisch aus Italien im La Fontanella.

Am liebsten hätte man mehrere Augen, um alles gleichzeitig aufnehmen zu können. Die süßen Träume sind so bunt und verschieden wie die Jahreszeiten und Anlässe: Zum Valentinstag verlieben sich Gourmets in weiß-rosige Törtchen mit Baileysschaum, im Frühling wird man von essbaren roten Marienkäfern angelacht, zum Muttertag von herzförmigem Whisky-Schokoladenmousse mit Eierlikörschaum. Im Sommer erfrischen die selbst gemachten Himbeer-, Karamell- oder Café-Eiscremes sowie fruchtige Tartelettes. Im Herbst wird es schokoladenwohl im Mund dank Millefeuille mit Pistazien- oder Nussstreuseln oder dem Zartbitter Schokoladentrüffel mit kandierten Veilchenblättern. Dickliche Schokoladenweihnachtsmänner und silvesterliche Glücksschweine versüßen das ausklingende Jahr. Doch eigentlich sollte man sich an den Franzosen ein Beispiel nehmen und täglich das Leben feiern! Alla hopp! Einfach mit der Freundin an einem Donnerstagmittag nach dem Spaziergang über die Spargelfelder vorbeischauen und sich ein Schokoladenherz oder Törtchen teilen. Freundinnen und Schokolade – mehr Glück geht nicht!

- Patisserie & Chocolaterie J. Sprengart, Landauer Straße 28, 67373 Dudenhofen, Tel. (0 62 32) 6 02 16 21, www.pralingo.de
- ÖPNV: Bus 507, Haltstelle Dudenhofen Adler

3-D statt Schema F

Medien, Werkstatt und Workshops im Media:TOR

Aus dem Tor zur Pfalz ist 2022 das Tor zu den Medien geworden, zum Glück ein offenes Tor. Denn zwischen 10 und 18 oder 20 Uhr unter der Woche öffnen die Media:TORen die bodentiefen Fenstertüren zur Maximilianstraße und erklären den Reinschauenden, was man in den schönen hellen Räumen lernen kann. Die Kooperation aus Medienanstalt Rheinland-Pfalz, Stadt Speyer, Medien+Bildung, Offenem Kanal und weiteren Partnern will Technikverliebte oder Digital Natives genauso anlocken wie analoge Handwerker oder Rentner: In Kursen bekommt man vermittelt, was man mit 3-D-Drucker, Lasercutter, Textilplotter, Videokamera, Nähmaschine, Oberflächenfräse, Tauchsäge oder CNC-Maschine so alles selbst programmieren, messen, bearbeiten, drucken und produzieren kann. Daher ist das Media:TOR ein Glücksort für Do-it-yourself-Künstler, Bastlerinnen, Experimentierfreudige und Technikfreaks.

TIPP

Fertig Genähtes gibt's beimLabel SelberMachen Lassen von Sarah Schmidt.

So zum Beispiel im Nähkurs mit Sarah Schmidt: Eine Handvoll Wiedereinsteigerinnen lauschen bei Kaffee und Nähmaschine den Vokabeln der Referentin von verriegeln bis absteppen. Theorie muss sein, auch wenn ein praktisches wendbares Körbchen entstehen soll. Maschine an: Vorsichtig „nähen" die Teilnehmerinnen ohne Faden die Linien auf dem Übungsblatt nach. Stoff wird ausgesucht. Einige kommen ins Erzählen, gucken voneinander ab. Es rattert und lacht, unter den Tischen schwingen Fußpedale wie beim Tanz. Später wächst rechts auf rechts zusammen, was zusammengenäht gehört. Was, nur noch 15 Minuten? Die Zeit ist schnell vergangen und der Stolz auf das eigene Werk groß. Wer schon Erfahrung oder einen Näh-, Plotter-, 3-D-Druck- oder Videokurs hinter sich hat, kommt einfach in die Offene Werkstatt und legt direkt los mit dem Einhornmotiv für ein T-Shirt, der Beschriftung des Schlüsselbandes oder der 3-D-gedruckten Landeplattform für den ferngesteuerten Helikopter. Ob Schulausflug, Smartphone-Sprechstunde für Senioren oder Geschenkeproduktion vor Weihnachten: Im Media:TOR sind alle gemeinsam kreativer als im einsamen Hobbykeller.

- Media:TOR Speyer, Maximilianstraße 8, 67346 Speyer
  www.mediator-speyer.de
- ÖPNV: Bus 564, 565, 568, Haltestelle Dom/Stadthaus

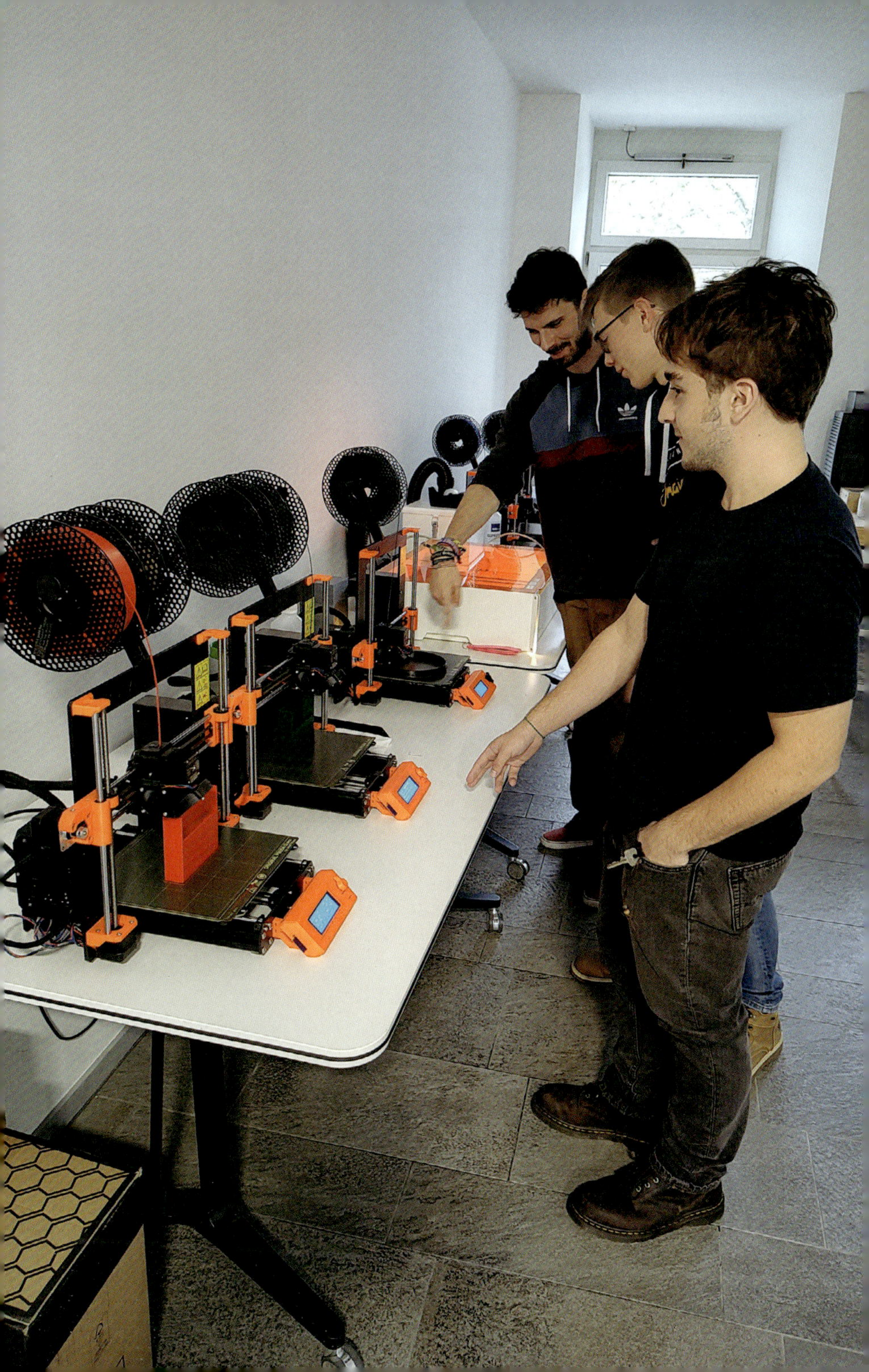

Streicheleinheit der Natur

Kneipp-Kräutergarten

Wenn die Großmutter früher bemerkte, dass man nervös war, streichelte sie einem über den Kopf, ging auf den Dachboden, wo sie Johanniskraut zum Trocknen aufgehängt hatte, holte ein paar Blüten und brühte frischen Tee damit auf. Gegen Hautprobleme hatte sie Ringelblumenblüten und gegen Husten Thymianzweige für ihre Kräuterapotheke daheim gesammelt. Was Oma noch wusste, hegt und pflegt in Speyer seit vielen Jahren das Kräuterteam des Kneipp-Vereins. Und zwar an einem versteckten, fast verwunschenen Garten hinter dem „Stift", dem ehemaligen Stiftungs-Krankenhaus. Mitten im Grün zwischen Wiese, Bäumen und mediterranen Mauern wachsen und gedeihen über 70 angepflanzte Heilkräuter wie Streicheleinheiten der Natur. Hier ticken die Uhren langsamer. Schon allein der Anblick beruhigt: Zahlreiche Insekten kann man beim Nektar-Naschen beobachten, intensive Blütenfarben und Düfte wahrnehmen, an diesem Ruheort verweilen. Der Rosmarin ist ein stattlicher Busch geworden, jede Pflanze darf natürlich machen und wachsen, wie sie will – oder wie die aktiven Mitglieder des Kräuterteams sie lassen, die die Heilpflanzen hegen und pflegen.

Ob Früchte vom Fenchel, Zweige vom Ysop, Wurzeln vom Sonnenhut oder Blüten und Blätter vom Mutterkraut: Fein säuberlich haben die Kräuterkundigen vom Kneipp-Verein neben jede wohltuende Heilpflanze für Magen, Haut, Harnwege, für gesunden Schlaf oder ein starkes Immunsystem ein Namensschild gesellt. Daraus geht auch hervor, welcher Teil der Pflanze zur Vorbeugung von Krankheiten wirkt. Damit auch die nächsten Generationen in den Genuss der Streicheleinheiten der Großmütter für Körper und Seele kommen. Dank so viel Liebe zu Heilpflanzen aus dem Schoß von Mutter Natur erweckt der Kneipp-Verein 2023 einen weiteren Kräutergarten gemeinsam mit dem Stadtgrünamt zum Leben: Im Park zwischen Kapuzinergasse und Mühlturmstraße fördern Heilpflanzen von Salbei bis Petersilie, Spitzwegerich bis wilde Möhre in anwendungsspezifischen Hochbeeten die Harmonie von Körper, Geist und Seele.

TIPP

Beim Sommer- oder Lichterfest präsentieren die Kräuterkundigen Salben, Tees und Selbstgemachtes.

- Kneipp-Kräutergarten am ehemaligen Stiftungs-Krankenhaus, Spitalgasse 1, 67346 Speyer, www.kneipp-verein-speyer.de/kraeutergarten
- ÖPNV: Bus 507, 562, 563, 564, 565, 568, 572, Haltestelle Postplatz

Frank-Walter oder Cem?

Gartenwirtschaft Johanneshof Hockenheim

Zwischen Mais- und Erdbeerfeldern, neben Himbeersträuchern und unter alten Kastanien liegt einer der beliebtesten Biergärten Deutschlands. Eigentlich klingt das sehr deutsch, doch die Stimmung im Biergarten ist höchst südlich: Schlemmend und schwätzend genießen bekannte und unbekannte Tischnachbarn miteinander den Sommer unter Sonnenschirmen im Grün. Speyerer Locals treffen hier auf internationale SAP-Mitarbeiter aus Walldorf oder Heidelberg, Porsche fahrende Fleischgenießer sitzen mit veganen Liegeradfahrern am langen Biertisch. Die Erdbeere verbindet einfach. Auf den Feldern rundherum gereift, ist sie der sichtbare Stolz und das Symbol von Hofbauer Johannes und Gastwirt Harald mit ihrem gastfreundlichsten Team auf weiter Flur.

Keine Minute, nachdem man Platz genommen hat, kommt ein freundliches Mitglied der JoHof-Crew vorbei und nimmt auf, welche besten und aktuell gereiften Zutaten aus der Umgebung man im Glas oder auf dem Teller wünscht. Hier hat alles seinen Namen: So bestellt man vielleicht 3. Hofhündin Molli (Bratwürstchen), Annalena (vegetarische Maultaschen), Frank-Walter (Leberknödel) oder Cem (Schafskäseauflauf). Man schmeckt, dass Pute und Schwein ein gutes Leben hatten und Himbeeren, Erdbeeren und Zwetschgen von der Sonne über den Feldern der Seewaldsiedlung gereift sind.

TIPP

Zwei Höfe weiter im Sommer und Herbst im Maislabyrinth verstecken.

Apropos reifen: Auch die Gäste reifen hier natürlich mit. Wer als Kind durch die frische Landluft getobt ist, bringt heute die eigenen Kleinen im Fahrradanhänger mit. Während sie sich auf dem Spielplatz direkt neben dem Biergarten verausgaben, ist Zeit für erwachsenen Genuss bei Himbeerbowle oder Kellerbier. Wie beruhigend, dass die Welt hier genauso herzlich und lecker geblieben ist. Auch die Servicekräfte bleiben häufig dieselben, flink und fleißig sowieso. Das wohle Gefühl im Bauch kann man in Form von frischem Obst, Gemüse, Kuchen oder „Hanny & Harry"-Eis aus dem Hofladen auch mitnehmen. Ganzjährig kann man im Stadtladen in *Hoggene eikaafe* oder im Gästehaus auf dem Hof übernachten.

● Gartenwirtschaft Johanneshof, Seewaldsiedlung 5, 68766 Hockenheim, Tel. (0 62 05) 56 21, www.johanneshof.de

Schokoladenseite im Grünen

Verschnaufen am Dom

In Richtung Innenstadt (also Westen) sieht die Domfassade hübsch aus – und gar nicht wie jahrtausendealte Architektur, erklären Speyerer Gästeführer ihren Stadtspaziergängern. Stimmt! Doch dahinter steckt ein Wortwitz: Heinrich Hübsch war der Baumeister des Westportals im 19. Jahrhundert. Im Pfälzischen Erbfolgekrieg, als ganz Speyer brannte, hielt der Dom größtenteils stand, jedoch nicht das Westportal. Seit der Neuerrichtung im neoromanischen Stil bewundern Pilger und die meisten Speyer-Besucher die größte erhaltene romanische Kirche der Welt von dieser westlichen Seite aus. Den besten Blick auf hinein- und hinausströmende Menschen hat man von einer Bank vor dem Bischofssitz schräg gegenüber. Zur blauen Stunde am Morgen und am Nachmittag leuchten die Buntsandsteinfassaden und man träumt sich in die Geschichten, die rund um das Bauwerk in den letzten 1000 Jahren geschehen sind.

TIPP

Ist da der Brezelbub? Sein Abbild ist im Bogen über dem westlichen Domportal versteckt.

Wer Ruhe sucht, sollte eine halbe Runde um den Dom herumschlendern und sich auf der Schokoladenseite des Bauwerks im Osten ins Gras setzen. Den Schutz des mittelalterlichen schnuckeligen Heidentürmchens im Rücken, kann man hier getrost mit den Augen nach oben schweifen: Beim Blick auf die mintgrünen Spitzen der Osttürme, die sich 71 Meter emporstrecken, ist man dem Himmel ganz nah. Aber auch der irdischen Schöpfung: Ein Uhu-Pärchen schlägt in den letzten Jahren in den Domspitzen sein Nest auf und lässt seine Jungtiere hier schlüpfen. Ganz Speyer bibbert und betet dann dafür, dass sie flink flügge werden und sicher Frühjahr und Sommer überleben. Auf diesem Fleckchen zwischen Himmel und Erde könnte man ewig bleiben und den Speyerer Duft zwischen Natur und Weltkultur einatmen. Gerade im Sommer kann man hier trotz höchster Temperaturen durchatmen, verschnaufen oder sich im nahe gelegenen Springbrunnen äußerlich kurz abkühlen – oder aber innerlich bei einer Weinschorle im Domgarten-Café unter Sonnenschirmen oder auf der Picknickdecke unter alten Kastanien im unteren Domgarten, der bis zum Rheinufer reicht.

- Dom zu Speyer mit Domgarten, Domplatz bis Schillerweg, 67346 Speyer
- ÖPNV: Bus 564, 565, 568, Haltestelle Dom/Stadthaus

Probieren statt Monieren

Vegane Weinstube Eulenspiegel

Von außen sieht sie aus wie seit über 30 Jahren, doch innerlich hat sie eine Wandlung erfahren: die Weinstube Eulenspiegel. Wo Alt-Speyerer früher *uff en Schorle* hingegangen sind, kommen jetzt Millennials, junge Familien und neugierige Fleischesser zum Essen. Denn: Zwei junge Gastronominnen mischen, äh frischen seit August 2022 die Speyerer Gastroszene ein wenig auf und setzen der pfälzischen Fleischeslust eine rein pflanzliche Speisekarte entgegen. Diese liest sich eigentlich wie eh und je: traditionelle Hausmannskost mit Saumagen, Wurstsalat oder Bratwurst, dazu Sauerkraut, Bratkartoffeln und Bratensoße. Die Überraschung ist groß, wenn *Saumaache* und *Broodworschd* aus Erbsenprotein beim Geschmackstest nicht durchfallen, sondern genauso schmecken wie Pfälzer und Zugezogene es kennen: gut gewürzt und schön kross angebraten mit *Zwiwwele* und Röstaromen.

Die Atmosphäre im urigen, kuscheligen Gastraum mit 30 Plätzen und ebenso vielen im Innenhof ist stimmungsvoll: Freundeskreise treffen sich hier, Alleinstehende und Pärchen nehmen am Frühschoppen teil, Bekannte und Unbekannte prosten sich mit (ebenfalls veganem) Grauburgunder oder rotem St. Laurent zu. Man sitzt so nah, dass man fast in die Gespräche eingeweiht ist: „Gehn er schon? Isch bin iwwerrascht, wie gut dos schmecke dud. Was nimmscht'n du statt Ei beim Koche?" Veganer aller Generationen versammelt euch – im Eulenspiegel vor der dunkelbraunen Holzvertäfelung und unter Uromas Keramiklampen. Was vor einigen Jahren noch Symbol der Spießigkeit war, ist nun Kult – dank der coolen Speyerer Wirtin und der Mannheimer Küchenchefin. Ihr kann man übrigens von der Theke aus prima in die Pfanne schauen, denn die Tür zur Küche ist ausgehängt. Frischer Wind kommt in die Gaststube und die Stadt: Wenn die Speyerer so bleiben, wie sie seit Jahrhunderten sind, werden sie die Vielfalt des Eulenspiegel begrüßen, davon *verzähle* und vielleicht sogar Eingefleischte *verännere*. Frei nach dem Eulenspiegel-Motto: Zum Wohl – die Pflanz.

TIPP

Wenige Schritte weiter wird's süß bei der Cupcake-Fee in der Grasgasse.

● Weinstube Eulenspiegel, Kleine Pfaffengasse 23, 67346 Speyer, Tel. (0 62 32) 7 75 99, www.weinstube-eulenspiegel.de
● ÖPNV: Bus 564, 565, 568, 717, Haltestelle Domplatz

Fürstlich tafeln

Feiern im philipp eins

Die Speyerer lieben es, Gastgeber für große und kleine Persönlichkeiten zu sein. Und zwar nicht erst seit Helmut Kohl aus Speyer eine Weltbühne machte, sondern schon seit vielen Jahrhunderten. Beweis gefällig? Das älteste Gasthaus der Stadt aus der Renaissance steht gut erhalten in der Johannesstraße: das Gasthaus philipp eins. Heute sind die „heiligen" Hallen als Eventlocation privaten illustren Feiern und gepflegter Kultur geöffnet. Denn nirgendwo sonst in Speyer kann man so fürstlich tafeln und tanzen wie im philipp eins. Namensgeber ist dabei kein Geringerer als Kurfürst Philipp I. von Hessen, der Großmütige genannt. Als 25-Jähriger nächtigte, speiste und geheimverhandelte er 1529 hier und (unter-)schrieb mit seinen Mitstreitern, den Landesfürsten von Sachsen, Brandenburg, Anhalt und Braunschweig sowie Vertretern der Reichsstädte, Speyerer Geschichte: Beim damaligen Reichstag zu Speyer beschlossen sie, gegen die Ächtung von Luthers Lehre und damit gegen die katholische Kirche zu protestieren. (Manche Speyerer wünschen sich, dass auch Martin Luther in diesen geschichtsträchtigen Mauern zugegen gewesen sein und einen Absacker hätte trinken sollen. Leider kam er nur bis Worms.)

Ob nun geschichtsgläubig oder nicht, hier fühlt man sich von der Taufe bis zur Hochzeit, beim Empfang oder Liedermacherabend herzoglich versorgt. Ob bei der Auswahl pfälzischer oder exotischer Speisen, der Getränke oder Musik im großzügigen Saal mit hohen Fenstern und urigem Dielenboden: Das Team von Mein Event, das das philipp eins betreibt, liest dem Brautpaar, dem Geburtstagskind und dem Kulturpublikum jeden Wunsch von den Augen ab. Der lauschigste Ort ist dabei der intime Innenhof: Grüne Wein- und Efeublätter wachsen fröhlich und natürlich an den historischen Sandsteinmauern entlang. Gespickt mit frühlingshafter oder sommerlicher Blütenpracht im Weinkistenambiente bringt die Kulisse die Protagonisten der Party zum Strahlen und die Gäste in mediterrane Stimmung bis zum letzten Lied oder Tanz.

TIPP

Auch öffentliche Kulturevents wie „Ulis Wohnzimmer" oder kulinarische Länderabende finden hier statt.

- philipp eins, Johannesstraße 19, 67346 Speyer, Tel. (0 62 32) 69 96 90 www.mein-event.de/locations/philipp-eins
- ÖPNV: Bus 564, 565, 567, Haltestelle Hirschgraben

Im Dschungel

Von der Liebesinsel zum Auwald-Weg

Ist man verliebt in den Rhein, will man ihn so oft wie möglich sehen und am liebsten für sich allein haben. An der Uferpromenade am Leinpfad und Helmut-Kohl-Ufer oder am Alten Hafen ist das schwer. Ruhiger und grüner wird es südlich der Salierbrücke hinter Bademaxx und Jugendherberge entlang der Straße Am Neuen Rheinhafen in Richtung Naturschutzgebiet. Man lässt Bootswerften im Hafen links liegen und sucht mit den Augen nach einem schönen Fleckchen und Aussichtspunkt. Ah! Da kommt das Franzosendenkmal am Flusskilometer 399 am Schild ganz recht. Die Speyerer nennen das Kleinod drumherum Liebesinsel. Man parkt das Fahrrad und hat den Rhein weitgehend für sich, für die Liebe zum Rhein oder die Liebe zu einem Menschen! Frischer, freier, verliebter Blick. Grüne Kräuter, Büsche und Bäume säumen den Kiesstrand, der kleine Steinchen, Muscheln und Treibholz in seinem Schoß offenbart. Ach, wie ist das schön! Zwischen Befestigungssteinen an der Uferböschung schießen Butterblumen und grünes Gras in Richtung Sonne. Man setzt sich, umarmt die Natur oder den geliebten Menschen. Im Rücken gibt der Auwald Schutz.

Dann heißt es: Auf Wiedersehen, Liebesinsel, hallo Auwald! Naturverliebte kommen auf dem schönen Weg, der den Rhein 4 Kilometer flussaufwärts gen Süden zur Speyerer Fähre begleitet, in Bewegung: Man überquert den Deich an der Stockholmer Straße. Tiefer gelangt man in den 150 Hektar großen Auwald hinein. Silber- und Purpurweiden, Feldulmen, Eschen und 100-jährige Stieleichen wachsen hier, bekommen bei Hochwasser nasse Füße, aber halten die Kronen oben. Angler verstecken sich und warten im Röhricht an Weihern. Kormorane beobachten sie. Hirschkäfer krabbeln auf dem wilden Totholz. Der Mittelspecht klopft an einem viel zu großen Baumstamm. Tagsüber singen und fliegen Pirole, nachts der Abendsegler. Man kommt am Myriameterstein XXIII. vorbei, der 23.000 Meter von Basel und 59.445 Meter bis Rotterdam anzeigt. Man hat den großen Auwald-Weg erreicht. Rhein und Speyerer Dschungel – eine große Liebe!

TIPP

Der BUND bietet Touren durch den Auwald mit dem Verein InSPEYERed oder Vogelstimmenführungen an.

- Liebesinsel, Ecke Am neuen Rheinhafen/Stockholmer Straße, 67346 Speyer
  https://speyer.bund-rlp.de
- ÖPNV: Bus 564, 565, Haltestelle Flugzeugwerke (20 Minuten Fußweg)

399

Aufm Sonnendeck

Rheinstrand Bar

Die Farben: gelb, orange, im Hintergrund blau. Die Stimmung: sonnig, sandig, feucht-fröhlich. Die Musik: gechillt, relaxt, öfters live. Das ist der Steckbrief des Rheinstrands, des einzigen City-Strands von Speyer am Rhein. Wer im Speyerer Sommer hierbleibt, *schaffe* oder werkeln muss, hat sich Südseefeeling zwischen den Zehen und im Rücken verdient: Angekommen am Rheinstrand Speyer, heißt es weg mit Sneakers und Sandalen und ab in die Hängematte, den Liegestuhl oder den Loungesessel. Die Füße baumeln in der Sommerluft oder holen sich vom Sand unter den Fußsohlen das ultimative Urlaubsgefühl. Überhaupt könnte eine Strandbar in Barcelona, Türkei oder Karibik es nicht besser vermitteln: Sonnenschirme, Palmen und der Blick aufs Wasser gibt's auch hier – all inclusive.
Hier verbringt man entspannte Sommernachmittage mit Kindern, die stundenlang im Sand buddeln. Hier verbringt man romantische Sonnenuntergänge mit der oder dem Liebsten. Hier verbringt man laue Sommernächte mit Freunden, die den nächsten gemeinsamen Urlaub herbeisehnen. Darauf einen Mai Tai! Wer am dynamischsten aus dem Liegestuhl hochkommt, wird zur Bar (Selbstbedienung) beordert und muss sich die Cocktailwünsche von London Mule über Lynchburg Lemonade bis Midori Spritz merken. Wer gute Freunde hat, muss vielleicht einfach nur ein Cuvée Rosé Weinchen oder ein kühles Bier mitbringen. Für den Sommerappetit gibt es Flammkuchen, Pizzabaguette, Eis oder Nüsse.
Im seltenen Fall ist man mit langweiligen Freunden hier. Auch dann greift sommerliches Entertainment: statt Schiffe-Versenken spielt man Schiffe-Raten. Der Rheinstrand selbst empfiehlt das Schiffsradar Marine Traffic zur Auflösung. Ein Schiff allerdings muss man als Speyerer kennen: Paul, der auf dem Rheinstrandgelände ankert. Der aufgedockte Aalschocker hat seit vielen Jahren seine Trockenheimat hier gefunden und erinnert an die Aalfischerei in den 1950er-Jahren.

● Rheinstrand Speyer, Am Neuen Rheinhafen 1, 67346 Speyer
www.rheinstrand-speyer.de
● ÖPNV: Bus 564, 565, Haltestelle Bademaxx/DJH

Speyer kauft und klüngelt

Wochenmarkt auf dem Berliner und Königsplatz

„Morsche!“, tönt es laut und kräftig von allen Seiten am Freitag- und Samstagmorgen über den Obst- und Gemüseständen an Berliner Platz oder Königsplatz. Ob Sonne – sehr häufig – oder Regen – seltener: Der Speyerer Wochenmarkt ist für Städter und Dörfler, Jung und Alt *the place to be, to meet and greet.* Die meisten reisen radelnd an: In wenigen Minuten ist man in Speyer-West oder der Innenstadt, das Fahrrad ist im engen Speyer sowieso das Gefährt der Schnelligkeit. Abgestiegen und hinein ins bunte Treiben. Immer wieder gibt's ein großes Hallo auf Pfälzisch: „Hawwe mer uns lang net g'sehe! Wie geht's 'n eisch? Was macht 'n dei Fraa?“ Doch auch Zugezogene aus Niedersachsen und *Neig'schmeckte* aus Hessen und Heidelberg werden hier, Hochdeutsch redend und Pfälzisch verstehend, herzlich heimatlich begrüßt. Wer allein lebt, fühlt sich bestens unterhalten, gesehen und aufgenommen. Froh, aufgeweckt und munter klüngeln die Speyerer über dies und das, über diesen und jenen. Überschwänglich und unkonventionell feiern Freunde und Fremde, Bekannte und Unbekannte die regionale und saisonale Frische, Freude und das (Fast-)Wochenende. Schließlich wachsen im größten Freiland-Gemüsegarten Deutschlands rund um Speyer Salat, Spargel, Spinat, Radieschen, Erdbeeren, Paprika, Kürbisse, Kohlrabi, Rotkohl und Pastinake. Hinzu kommen pfälzische Esskastanien, Mandeln, Pfirsiche und Walnüsse, Nordseefisch, Metzgerei- und Backwaren, Dampfnudeln, feine Törtchen, mediterrane Feinkost, Käsespezialitäten aus Frankreich und den Alpen, Blumen, Honig vom Auwald-Imker und sogar Marmelade von der Oma nebenan. Die Auswahl fällt schwer.

TIPP

Wochenmärkte gibt's auch in Lingenfeld, Dudenhofen, Harthausen, Otterstadt, Heiligenstein und Schwegenheim.

Doch viele Marktflaneure sind bestens ausgerüstet mit Einkaufsliste und Körbchen. „Was koschde die Keschde?“, fragen lokale Gastronomen und Hausfrauen. „Was ist eine Peterwurzel?“, fragen junge Mütter. „Habt ihr Spitzkohl?“, fragen von Ehefrauen gesandte Ehemänner. Ausführliche Tipps zur Zubereitung gehen mit der frischen Ware über die Theke sowie die eine oder andere Zugabe.

- Wochenmarkt auf dem Berliner Platz (freitags), auf dem Königsplatz (samstags), 67346 Speyer
- ÖPNV: Bus 562, 563, 569, Haltestelle Berliner Platz; Bus 564, 565, 568, Haltestelle Dom/Stadthaus

Verborgene Schätze

Der älteste Wein der Welt

Neben Trier und Kempten gehört Speyer zu den ältesten Städten Deutschlands. Kein Wunder also, dass Archäologen und Historiker an vielen Stellen unter der Oberfläche von Speyer Glück finden, nämlich Zeugnisse der frühen Besiedelung um 10 vor Christus. Damals gründeten römische Soldaten hier am Rhein ein Lager. Die circa 500 Mann starke Truppe brauchte Handwerker und Dienstleister für ihre Versorgung und so entstand die Siedlung Noviomagus. Was nach trockener Geschichte klingt, ist heute jedoch in flüssiger Form sichtbar: Denn die Römer brachten den Wein in die Pfalz – und die Weinflasche mit dem ältesten flüssigen Wein! Der Speyerer Traubenwein aus dem 4. Jahrhundert ist quasi Weltkulturerbe außerhalb der UNESCO-Liste. Doch *Obacht:* Der Wein ist untrinkbar! Das sieht man, wenn man vor der Vitrine im Weinmuseum des Historischen Museums der Pfalz steht: Als braun-grüne, gallertartige Masse mutet der Römerwein in der 1,5 Liter fassenden Flasche eigentlich nicht wie eine Flüssigkeit an. Doch Analysen bestätigen, dass Kräuterbeigaben und Olivenöl für die nötige Konservierung des Weins sorgten. Kurios ist, dass das Glasgefäß als römische Grabbeigabe im 19. Jahrhundert auf dem Grundstück eines Bierbrauers außerhalb von Speyer entdeckt wurde.

TIPP

Im Archäologischen Schaufenster an der Gilgenstraße sind frühzeitliche Gefäße ausgestellt.

Wäre Speyer seit 2000 Jahren nicht immer wieder von neuen kulturhistorischen Epochen bereichert und von Gebäuden überbaut worden, könnte man Erdschicht um Erdschicht weitere römische Schätze ans Licht bringen. Archäologen würden die Schatzkammer unter Speyers Oberfläche am liebsten komplett öffnen, alle paar Meter gibt es Fundstellen. Doch nur zeitweise bei Erdarbeiten vor Neubauprojekten dürfen sie es: Zum Beispiel 2017 unter dem Priesterseminar St. German, wo spätantike und römische Gräber entdeckt wurden, oder 2021 in der Engelsgasse: In 3,5 Metern Tiefe fanden Archäologen unberührte Schichten mit Ziegeln, Fußböden, Säulen, Brunnen und Steinen, die über Häuserfronten, Straßen, Brände, Katastrophen und Lebensgewohnheiten Aufschluss geben.

● Historisches Museum der Pfalz, Domplatz 4, 67346 Speyer, Tel. (0 62 32) 1 32 50 www.museum.speyer.de

● ÖPNV: Bus 564, 565, 568, 717, Haltestelle Domplatz

Der ‚Römische Wein von Speyer'
um 325 n. Chr.
Glas
Ancient Roman Wine
Die Glasflasche (Amphora) beinhaltet einen flüssigen, klaren Bodensatz und ein festes, harziges Gemisch. Entsprechende Analysen ergaben, dass es sich bei der Flüssigkeit im unteren Teil um Wein gehandelt haben muss. Die Flasche wurde 1867 bei der Anlage eines Weinberghäuschens zwischen Speyer und Berghausen entdeckt. Der ‚Römische Wein von Speyer' gilt als der älteste erhalten gebliebene Traubenwein der Welt.
Geschenk von Heinrich Weltz an die Städtische Sammlung

Nicht hochschaukeln!

Stand-up-Paddling am Berghäuser Altrhein

Feierabendstimmung am Berghäuser Altrhein. Die einen übersetzen das mit Bierchen und Wasserscootern. Die anderen kommen bei einem Spaziergang auf dem Altrheinpfad zur Ruhe. Doch die Tiefenentspannten legen ihr muskelbetriebenes Kleinfahrzeug nach dem Aufblasen aufs Wasser am Parkplatz der Berghäuser Alrtheinfähre, nehmen ihr Paddel in die Hand und stellen sich auf ihr Stand-up-Paddleboard (SUP). Gute Laune und Langsamkeit überkommen die Wassersportler hinter dem Deich zum schnell fließenden Rhein. Die Augen navigieren anfangs in Richtung Südwesten, wo man den einströmenden Wellen der Rheinschiffe bei der Altrhein-Mündung Kraft entgegensetzen muss. Bloß nicht hochschaukeln, spricht man sich selbst Mut zu. Orangerot und sonnengelb taucht das Farbenspiel des Sonnenuntergangs die Wasseroberfläche in einen leuchtenden, 800 Meter breiten Spiegelteppich.

TIPP

SUP-Anfängerkurse am Otterstadter Altrhein gibt es bei Trittbrett Speyer im Industriehof.

Denn etwas später paddelt man aufrecht und geradewegs gen Nordwest in den Sonnenuntergang. Links eintauchen, rechts eintauchen: Im rhythmischen Zug des Paddels tun sich im Sichtfeld links die Insel Flotzgrün, rechts der Auwald auf. Abendlich intensivieren sich am Ufer die Tiergeräusche zwischen dichten Silberweiden, Pappeln oder Eschen. Verwunschen und versteckt haben Altholzstämme, Blätterdächer und Kiesstrände ein grünes Wohnzimmer für wasserliebende Pflanzen und Tiere gebaut, in die man für einen Ruhemoment reinspitzeln kann. Neben Augenschmaus kommen auch die Ohren in geruhsamen Genuss: Man spürt einen Anflug von Glück, wenn der Schwan beim Losfliegen auf dem Wasser tippelt. Man lauscht dem Schnattern der Wildgänse. Man horcht, wie Libellen, Wald- und Auwaldmücken (Rhoischnake) surren – und bleibt dabei ganz entspannt (dank Moskitospray auf der Haut). Sonnenuntergang statt Sorgen. Tiefenentspannung statt Tiefgang. Mondaufgang statt Muffensausen. Egal, ob man die Altrheinstrecke bis nach Heiligenstein fährt oder vorher zum Ausgangspunkt zurückkehrt: Auf dem abendlichen Weg ist man heruntergekommen mit Hochgefühlen.

● Stand-up-Paddling am Parkplatz Alte Rheinhäuser Fähre, Abzweig Industriestraße Höhe G+H Isover, 67346 Speyer

1 Kilometer Budenzauber

Auf dem Speyerer Weihnachtsmarkt

Was Schlittschuhfahren, Backstube und Himmelstelefon für die Kleinen bedeuten, bewirken Winzerglühwein, Musik und Kunsthandwerk bei den Großen: Weihnachtsgefühle. Auf dem Speyerer Advents- und Neujahrsmarkt bleibt das Schlendern und Schlemmen, Staunen und Stöbern vom ersten Advent bis zum Dreikönigstag möglich. Holzbude für Holzbude reiht sich ein Marktdörfchen auf der Maximilianstraße und rund um Altpörtel und Alte Münze aneinander. Holzspielzeug und Mützen, Kochlöffel und Kräuter, erzgebirgische Schwibbögen und Dresdner Christstollen, gebrannte Mandeln und Schaumküsse stimmen im Lichterglanz auf die besinnliche Zeit ein. Am heimeligsten ist es zwischen der Pilgerstatue und der Dreifaltigkeitskirche: Eine Lichterkette verbindet die barocke Kirche mit den Baumkronen davor und lässt die Kulisse erstrahlen. Glanzvoll entfaltet sich auch der weihnachtliche Geschmack bei saftiger Bratwurst, Spätzlepfanne und Glühwein. Doch auch zur Adventszeit sind die Speyerer auf der Suche nach dem besten Geschmack und probieren sich durch die Auswahl von Winzerglühwein der renommierten pfälzischen Weingüter.

Doch neben Essen und Trinken darf man auf dem Speyerer Weihnachtsmarkt auch backen: Kleine fleißige Hände kneten in der Kinderbackstube vom Kinderschutzbund unter Anleitung engagierter ehrenamtlicher Frauen Teig, stechen Formen aus und schieben das Gebäck in den Ofen. Bis die Plätzchen fertig sind, flanieren Eltern, Freundinnen und Opas über den Weihnachtsmarkt. Sie atmen den Duft der Weihnacht während der kleinen Auszeit mit tiefem Wohlgefühl ein. Als Dankeschön dürfen die Kinder mindestens einmal auf die *Reidschul,* das historische Karussell mit Ponys, großen Pferden und Kutschen. Würde es nun noch schneien – die Romantik wäre perfekt. Weil Schnee selten in der heißesten Stadt Deutschlands ankommt, gibt es als Alternative eine Schlittschuhbahn aus Kunsteis in herrlicher Kulisse vor dem Altpörtel unterhalb der Turmuhr. Als bliebe die Zeit stehen ...

TIPP

Beim Kunsthandwerkermarkt an den Adventswochenenden wird im Rathaus-Innenhof Handgemachtes feilgeboten.

- Advents- und Neujahrsmarkt Speyer, zwischen Altpörtel und Dom, 67346 Speyer
www.speyer.de
- ÖPNV: Bus 507, 562, 563, 564, 565, 568, 572, Haltestelle Postplatz

Von Fischen und Krönchen

Keramikatelier Speyer

Streicheleinheiten für Augen und Seele gibt es bei Ursula Erlemann-Schütt. Schon beim Anblick des kleinen Altstadt-Häuschens mit grüner Tür, Fensterläden und üppig wachsenden Weinreben darüber kommen Glücksgefühle auf. Dazwischen hängt ein Hinweisschild, mit welchem Hobby die gebürtige Norddeutsche Glück verbreitet: Keramik heißt es im Schriftzug an der Hauswand, natürlich auf Ton geschrieben.
Ursula Erlemann-Schütt bittet Souvenirsuchende gern in ihre kleine Handwerksstube. Auf 10 Quadratmetern kommt hier eine märchenhafte und natürliche Welt in Keramikform zusammen: Aufmerksam und überwältigt versucht man, die in Regalen, Körben und Weinkisten drapierten kunstvollen Teller, Schälchen, Tassen, Stelen, Kugeln und Figuren zu fassen – und diese nicht aus der Fassung oder zum Einsturz zu bringen. Jedes Objekt, das hier gefühlt eher wie ein Subjekt anmutet, will die Aufmerksamkeit des Betrachters erheischen, blinkt oder blinzelt einen charmant an. Hat das gelb leuchtende Blümchen auf dem grob schamottierten Ton des Keramiktöpfchens nicht gerade seine Blüte geöffnet? Hat sich die Schnecke an der Gartenstele bewegt? Hat das goldene Krönchen auf der pastellgrünen Espressotasse nicht gefunkelt? „Nimm mich mit und ich werde dir viel Freude bereiten", hört man die Kunstsubjekte wie Märchenfiguren sagen. Auf das Versprechen lässt man sich gerne ein, man muss nur die Auswahl treffen zwischen all den Schönheiten.
Zum Glück ist jedes Einzelne ein handmodelliertes Geschenk der Keramikkünstlerin aus Speyer, gespickt mit Schwemmholz vom Rhein, befestigt auf Weinkistenholzplanken, verschönert mit einer goldenen Königskrone. In ihr neues Zuhause tragen die Kunstwerke, Schmuckstücke und Alltagsgegenstände die Speyerer Stadtsilhouette, rheinpfälzische Naturmaterialien oder Landschaftsstrukturen wie bei der „Fantasie im Quadrat". Auch ein großer Teil des verwendeten hellen Tons stammt aus dem pfälzischen Grünstadt. Damit verbreitet sich die gute Botschaft aus Speyer in die Nachbarschaft oder bis nach Zwickau, Osnabrück oder Berlin.

● Keramik Speyer, Ursula Erlemann-Schütt, Löwengasse 27, 67346 Speyer, Tel. (0 62 32) 29 05 61, www.keramik-speyer.de
● ÖPNV: Bus 567, Haltestelle Eselsdamm

Alleingang

Stille in der Gedächtniskirche

Immer Menschen. Immer Trubel. Immer Unruhe. Immer ist etwas. Aber irgendwie versucht und schafft dieses Fleckchen, das Unmögliche möglich zu machen. Von den elf aktiven Kirchen Speyers ist die Gedächtniskirche zum Glück von Dienstag bis Sonntag offen für Menschen, die Stille suchen. Vorbei geht es an Martin Luther in der Vorhalle, der der Mehrheit trotzt und dem Alleingang seinen Segen gibt. Man öffnet die schwere, meterhohe Holztür und tritt ein ins Friedliche, Andächtige, Göttliche. Über 20 Meter Höhe bis zum feinen Gewölbe misst der 50 Meter lange Kirchenraum. Einfacher Stein, dunkles Holz, prächtige Glasfenster verströmen Demut. Trotz der Bedeutung der 1904 eröffneten Kirche, die an die Protestation 1529 zu Speyer erinnern soll, kann der kleine Mensch hier einfach mal bedeutungslos sein. Ausgepowerte Stadtgänger bekommen hier eine Pause, ein Gegengewicht zu engen trubeligen Gassen oder menschenüberströmten Hauptstraßen. Ein bisschen Weite, Bodenständigkeit, Nichtstun und Nichtsdenken. Wer trauert oder nicht weiterweiß, findet hier Trost, einen Boden unter den Füßen und ein Dach über dem Kopf.

Die Kirchenstruktur schafft Klarheit und räumt die Seele auf. Nichts ist wichtig, nichts los, nichts bewegt sich. Man ist im Hier und Jetzt. Auch wer nicht gläubig ist, sollte sich in die Kirche wagen und auf einer Kirchenbank im Mittelschiff oder oben auf der Empore Platz nehmen. Nach den ersten Entspannungsminuten und Trostmomenten hat man sich gefasst und lässt den Blick in alle Richtungen schweifen, konzentriert sich auf die Geschichten von Jesus, von Weihnachten bis Ostern, von der Reformation und Speyer auf den bunt bemalten Glasfenstern unter und über der Empore. Zu jeder Tageszeit zeigen die farbigen Glaselemente ein anderes Lichtschauspiel. Unterbrochen wird der Tagtraum nur vom Geläut alle 15 Minuten oder einem Glückmoment für die Ohren: wenn der Kirchenmusikdirektor an einer der beiden Orgeln übend in die Tasten haut.

TIPP

Auch bei Abendmusik oder Adventskonzert bei Kerzenschein ist es andächtig in der Gedächtniskirche.

● Gedächtniskirche der Protestation, Martin-Luther-King-Weg 1, 67346 Speyer, Tel. (0 62 32) 2 89 00 77, www.gedaechtniskirchengemeinde.de
● ÖPNV: Bus 563, Haltestelle Gedächtniskirche

Spickeln und shoppen

Speyers coolste Shoppinggassen

Die Speyerer Einzelhändler sind stets bemüht, die einheimischen Kunden und die, die *öwwer de Brigg* aus dem nahen Baden, aus dem fernen Westfalen oder als Kreuzfahrtreisende von noch ferner aus Amerika kommen, zu beglücken. Das fängt beim Schaufenster an: So wetteiferten 2022 Gewerbetreibende um die beste Schaufensterdeko in Verbindung mit der Habsburger-Ausstellung im Historischen Museum oder sie stellen die Krippenfiguren des Speyerer Doms zur Schau. Doch auch auf die Ware kommt es an, die Flaneure und Shoppingqueens in Privatläden statt Franchiseketten besorgen sollen. Alla hopp: Auf der Via triumphalis zwischen Dom und Altpörtel triumphieren Damen und Herren, die italienischen und sportiven Chic, Sakkos, Schuhe und Haushaltswaren in Wertarbeit suchen, bei Fashion & Style, Sakul, Schmitt Mode, Schuhhaus Bödeker oder Christmann. In der Verlängerung dazu finden Kinder in der Gilgenstraße bei Ars Ludi oder an der Alten Münze in der Schatztruhe spielbare Schätze und schöne Dekoartikel oder bunte Kindermode bei Nucleo.

Noch cooler sind die Läden abseits der Hauptstraße, zum Beispiel in der Wormser Straße: Der Betreiber des Spiele-Cosmos hat hier eine Welt für analoge Tüftler, Zockerinnen und Brettspieler erschaffen und lädt regelmäßig zu Spieleabenden ein. Farbenfrohes und Schönes zum Anziehen und fürs Zuhause gibt es im Chamäleon, nachhaltiges Unverpacktes im Kaufladen. Um die Ecke in der Korngasse bekommt man noch mehr individuelle Kleidung bei Designerin Gudrun Grenz aus der eigenen Schneiderei oder bei Frauenzimmer; Streetwear, Schallplatten und tolle Fotografien gibt es im Pippo's nebenan. Fehlen noch die Gässchen auf der anderen Seite der Hauptstraße: In der Kutschergasse können Trödelfreunde und Vintagefans bei Collage alte Schätzchen wie Werbeschilder, Lampen oder Ranzen aus den 1960er-Jahren aufstöbern. Im HandFairlesen in der Schustergasse findet man Produkte fürs tägliche Wohlgefühl wie Yogakleidung, Hanfschuhe oder nachhaltige Haushaltswaren fürs Hier und Jetzt.

TIPP

Außerhalb werden Sport- und Outdoorfans bei Sport Scheben und van Erschel bestens beraten.

- Verschiedene Privatgeschäfte, zum Beispiel Spiele-Cosmos, Wormser Straße 16, 67346 Speyer
- ÖPNV: Bus 564, 565, 568, Haltestellen Wormser Straße bis Dom/Stadthaus

KOSMOS
TECHNIK
Astro-Teleskop
Tag & Nacht
GLOBUS
2 in 1
KOSMOS
Magische
Plasmakugel
KOSMOS
DAS MAXISET DER
NATURWISSENSCHAFTEN
Galileo
EIN UMWELTFREUNDLICHER BASTELSPASS
RECYCLE DEIN PAPIER
HUCH!
20 Modellen
Erforsche
DIE WELT DER TECHNIK
KOSMOS
Wind-Energie
KOSMOS
Microgreen-Garten
Kräuter-arten
KOSMOS
Exotische Pflanzen
KOSMOS

Am Fluss, im Fluss

Am Rheindeich bis zum Eis am Rhein

Für die Speyerer gehört der Rhein zur Familie. Ob Hochwasser im Frühjahr, Schnakenplage oder Niedrigwasser im Sommer: Man lernt die Launen der Natur zu nehmen und den kapriziösen Vater Rhein zu akzeptieren. Immerhin hat der Oberrhein seit dem Mittelalter Händler in die Stadt gebracht, seit der Begradigung durch Johann Gottfried Tulla im 19. Jahrhundert Speyer an die schnelle Schifffahrt angeschlossen und lotst heute europäische und gar nord- sowie südamerikanische Flusskreuzfahrt-Touristen in die Stadt. Das Leben am Fluss ist im Fluss. Um die 4 Kilometer lang fließt der Rhein an Speyer vorbei, wird als Verkehrsweg und der Altrhein als Biotop, Freizeit-, Wassersport- und Glücksort geliebt!

Am südlichen Rand von Speyer steht im Auwald der sogenannte Myriameterstein 23, der den Rhein zwischen Basel und Rotterdam alle 10.000 Meter vermisst. So kennzeichnet er den Rheinkilometer 396,6. Das Speyerer Pegelhäuschen im Hafen markiert Rheinkilometer 400,6. Der Fluss fasziniert, man spaziert und inspiziert ihn am Ufer. Während es am Helmut-Kohl-Ufer mit schöner Gastronomie im Alten Hammer und im Rentschlers neben den Schiffsanlegern eher trubelig ist, hat man beim Flanieren nördlich des Hafens ab dem Pegelhäuschen und einem neuen Wohngebiet mehr Ruhe. Man schlendert auf dem Leinpfad unterhalb des Rheindeiches entlang und lässt den Blick nicht vom Fluss, der dieselbe Richtung gen Norden nimmt. Man genießt Wind und Wellen auf dem Wasser, das Grün des Deichs und das Blau des Rheins, das nie dasselbe bleibt. Gegen Abend ist es am schönsten: Himmel, Wolken und Sonne pinseln ein Naturgemälde aus gelben, orangen und lila Tupfern. Man setzt sich ins Gras, der Blick begleitet das Fahrgastschiff Pfälzerland bei der Rückkehr in den heimischen Hafen. Um das Urlaubsgefühl perfekt zu machen, fehlt noch eins: ein Eis. Wie gut, dass just hinter dem Deich das „Eis am Rhein" wartet mit selbst gemachtem Eiskaffee, Erdbeerbechern, den Sorten Himmelblau wie der Rhein und Apfelgrün wie der Rheindeich.

TIPP

Express (und Espresso) am Eis am Rhein: Einfach beim Drive-in-Fenster bestellen und direkt genießen.

- Eis am Rhein, Franz-Kirrmeier-Straße 20, 67346 Speyer, Tel. (0 62 32) 6 58 88 00 https://eisamrhein.eatbu.com
- ÖPNV: Bus 567, Haltestelle Franz-Kirrmeier-Straße

Kommt zur Ruhe

Salzgrotte Sole Mio in Waldsee

Man muss zum Glück kein Allergiker, Bronchial- oder Hautpatient sein, um sich in der Salzgrotte in Waldsee eine Auszeit zu schenken. Warm gestaltet mit Sitzecke und Lampen aus Salzgestein empfängt das Foyer den Entspannungssuchenden in der 72 Quadratmeter großen Salzgrotte Sole Mio. Hier kann man abschalten, durchatmen und die Seele baumeln lassen, sobald man durch die Tür schlüpft. Die Helligkeit des Alltags wird gedimmt, stressauslösende Reize werden ausgeschaltet, urige Lichtfarben entfalten ihre Wirkung wie flackerndes Feuer in einer Höhle: Der abgedunkelte Raum hält tiefrot-orange beleuchtete Salzsteine an den Wänden und zwei weiß scheinende kleine Gradierwerke in den Wänden bereit. Wie in einem Schrein wird das kostbare Königssalz aus Pakistan gebührend illuminiert und darf natürlich herabtropfen und über Jahre einen Salzbauch darunter bilden.

TIPP

Lampen, Genuss- und Kosmetikprodukte aus Salzstein gibt es hier zu kaufen.

In dieser Ruhe und Abgeschiedenheit nimmt man für 45 Minuten auf dem Entspannungsstuhl Platz, legt die Füße hoch und kuschelt sich bei 20 bis 22 Grad Celsius in die warme Decke. Man wähnt sich mit allen Sinnen in einem Salzbergwerk – abseits vom Trubel und den Wirren des Alltags. Von Kopf bis Fuß im Hier und Jetzt: Nase, Atemwege und Haut werden mit 40 bis 50 Prozent feuchter Salzluft gepflegt und beruhigt. Die Augen nehmen einen dezenten Sternenhimmel an der Decke wahr. Die Ohren lauschen den sanften Klängen der Musik und dem Tropfen des Salzes in den Gradierwerken. Ein tiefes Wohlgefühl verbreitet sich im Bauch, die Salzpartikel gehen in die Blutbahn über und stärken das Immunsystem. Ein Seelengenuss ist es sowieso, den man regelmäßig wiederholen sollte wie einen Spaziergang am Meer. Eine extra Streicheleinheit für die Ohren und die Seele kann man sich bei den Klangsitzungen oder Fantasiereisen in der Salzgrotte abholen. Wer nach Salz in der Luft und den Atemwegen noch Öl auf der Haut spüren möchte, kann sich zum Abschluss oder unabhängig von der Halotherapie eine Massage oder Kosmetikbehandlung in den Räumen nebenan gönnen.

- Sole Mio – Salzgrotte Waldsee, Schillerstraße 5, 67165 Waldsee, Tel. (0 62 36) 5 09 93 60, www.salzgrotte-waldsee.de
- ÖPNV: Bus 572, Haltestelle Waldsee Partnerschaftsplatz

Sattelt die Räder

Kleine Sattelfest-Radtour nach Otterstadt

Die Speyerer lieben das Fahrrad. Kein Wunder: Es ist das schnellste Verkehrsmittel. Den Beweis dafür bieten die Ergebnisse der Klimaschutzaktion Stadtradeln: 2022 haben in drei Juniwochen 1800 Radelnde in 62 Teams teilgenommen und gemeinsam 359.770 Kilometer erstrampelt. Am sportlichsten waren dabei die Schülerinnen und Schüler von Purrmann-Gymnasium, Nikolaus-von-Weis-Realschule sowie Schwerd-Gymnasium. Weit vorn lagen auch die Radler von Bikerclub und Pfälzerwald-Verein.

Doch auch für Langsamfahrer gibt es in Speyer eine schöne Fahrradchallenge: Bei der Aktion Sattelfest im September treten alle Altersgruppen in die Pedale. Die 16 Kilometer lange Kleine Tour führt zum Naturspur-Gelände in Otterstadt. Auch in allen anderen 11 Monaten ist die Strecke zum Nachfahren empfohlen: Start ist im Domgarten. Unter Glockengeläut und Touristenströmen passiert man das historische Speyer an Dom und Dreifaltigkeitskirche. Nach der Altstadt wird es grüner, weitläufiger und verkehrsberuhigter auf dem Radweg rund um die Integrierte Gesamtschule und die Sportanlagen am Helmut-Bantz-Stadion. Man überquert eine kleine Eisenbahnstrecke und biegt auf die Kuhweide ein. Eine andere Welt: Felder und Frischluft übernehmen kurzzeitig. Doch so richtig grün wird es erst nach der Tullastraße am Stöckelgraben. Der baumgesäumte Pfad führt überraschend schön neben herabhängenden Bäumen, zwischen Mauern und grünen Gärten durch Speyer-Nord. Man biegt nach 6 Kilometern an der nördlichen Wammsee-Spitze zum Spitzenrheinhof ab, unterquert die Autobahn A61 und gelangt zur Bungalowsiedlung Binsfeld mit Urlaubsstimmung und Gänsen, die den Weg kreuzen, zum Sonnensee und dem Wellness Hotel Lindner. Noch wenige Meter und man ist am Ziel, am Glücksort Naturspur in Otterstadt. Der Rückweg wird spritzig und führt am Wasserplatz Reffenthal, entlang von Gänsedrecksee und Kuhunter bis zum Rheindeich, wo der Anblick der Domtürme Glücksgefühle freisetzt. Die Große Tour führt 34 Kilometer über Schifferstadt und Waldsee.

TIPP

An über elf Stationen von VRNnextbike kann man in Speyer Fahrräder ausleihen.

● Sattelfest – Kleine oder Große Tour, Start im Domgarten, Klipfelsau, 67346 Speyer
www.sattelfest-speyer.de

Kauf dich lokal glücklich

EDEKA Stiegler in Speyer

„Wir lieben Lebensmittel", heißt es im EDEKA-Werbespot. Das kann man in Speyer in den beiden EDEKA-Stiegler-Filialen schmecken: Im innerstädtischen kleineren Supermarkt an der St.-German-Straße oder im riesigen E center Stiegler im Gewerbegebiet Auestraße ist die Lebensmittelliebe kein Werbegag, sondern an jedem Regal, jeder kreativen Präsentation und jeder Mitarbeiterin von der Frischetheke übers Weinregal bis zur Kasse allgegenwärtig. Vor allem aber ist EDEKA Stiegler der Sammel-Glücksort für lokal und regional produzierte Biere, Weine, Milch, Backwaren, Wurstwaren, Gemüse, Obst, Eingewecktes, Aufstriche oder Schaumküsse, um nur ein paar Beispiele zu nennen. Die zwei jungen Inhaber, Benjamin und Sven Stiegler, tun alles für ihre Kunden. So versammeln sich hier die besten Leckereien, die Speyer und Umgebung zu bieten hat, in einer Einkaufs- und der gastronomischen Vorhalle: Berzel-Brezeln, Cupcakes von der Cupcake-Fee, Eiscremebecher von Familie Tolone von Eis am Rhein, Bier in Flaschen von Black Stork und im Fässchen von Domhof, Paul Gin aus Dudenhofen oder Kartoffeln und Kürbisse vom Mechtersheimer Hofladen.

TIPP
Der Einkauf ist bei Events wie Single-Shopping oder Charityaktionen für Bedürftige ein Erlebnis.

Die Auswahl ist überwältigend, doch man verirrt sich nicht: Jahreszeitlich angepasste Kulissen wie Palmen, Strohballen oder Weinkisten sowie Geschichten an den Regalen und Produktinseln erzählen davon, woher Äpfel, Birnen oder Traubensaft kommen und wer dahintersteckt. So schmeckt man beim Mitnehmen und Essen des Spaghettieises das italienische Mannheim der Fontanella-Familie, beim eingeweckten Pfälzer Bruschetta im Glas von Heike gerettete Tomaten und Paprika aus Mutterstadt, bei der Milch aus dem Automaten denkt man an die Kühe von Bauer Brassel im Kuseler Land, bei der Pfalzlimo an die Südpfälzer Mirabellen und Birnen und bei den Schokoküssen im roten Karton von Trauth aus Herxheim an ganz viel Liebe. Weil die Weinauswahl in der Pfalz einfach riesig ist, werden Riesling, Grauburgunder oder Cuvée gleich auf sechs Weinregalen präsentiert!

- EDEKA Stiegler (St.-German-Straße 8), E center Stiegler (Am Rübsamenwühl 4), 67346 Speyer
- ÖPNV: Bus 562, Haltestelle Martin-Greif-Straße/Ärztehaus; Bus 569, Haltestelle Tullastraße

PÄLZER BUWE
BESTES AUS DER PFALZ
PAUL
PAUL

Aussichtsreich

Porto Vecchio im Alten Hafen

Neben der Vogelperspektive übt das Wasser eine große Anziehungskraft auf Menschen aus nah und fern aus. Zum Glück hat Speyer das zu bieten. Auf der Flaniermeile am Helmut-Kohl-Ufer zeigt man sich zwischen Platanen, Blumenrabatten und Grünflächen und lässt sich in den Restaurants mit Bier- und Weingarten, Alter Hammer oder Rentschlers, bei Blick auf den Rhein verwöhnen. Oder auf zu weiteren Ufern im Alten Hafen und dem Restaurant Porto Vecchio. Das Restaurant befindet sich in der ersten Etage im Vereinsgebäude der Rudergesellschaft Speyer 1883 (RGS) direkt neben dem Hafenbecken und eine schmale Landzunge vom Rhein entfernt. Im überdachten Wintergarten hat man den besten Aussichtsplatz gefunden! Die rückwärtigen Gasträume im Porto Vecchio beglücken alternativ mit dem Blick auf den Dom.

TIPP

Für einen Absacker bei Nacht empfiehlt sich die Yacht-club-Lounge Rays nebenan.

Zum Glück kann man hier ein italienisches Pranzo (Mittagessen) lang Schiffe raten oder ein Cena (Abendessen) lang dem Rhein hinterherträumen. Bei Aperol Spritz, Lambrusco, Antipasti, üppiger Pizza aus dem Steinofen, aufwendigen Pasta- und Fischgerichten schwimmt man mit dem Zanderfilet auf dem Fluss oder reist mit der Dorade zum Mittelmeer. Das Tiramisu kommt zum Sonnenuntergang – Urlaubsgefühle am Oberrhein.

Im Frühsommer wird der Platz am Porto Vecchio übrigens noch spektakulärer, und zwar wenn die in Deutschland einzigartige Speyerer Kirchbootregatta im Alten Hafen stattfindet. Seit 2008 rudern jährlich über 20 Laien-Teams à zehn Personen an den Galeeren der in Speyer konstruierten 12 Meter langen schmalen Holzboote. Für die 200 Meter werden Kolleginnen und Kollegen aus Arztpraxen, der SPD, CDU oder von den Grünen, den Diakonissen, dem Hockeyclub, der THOR Chemie oder dem Irish Pub zu Rudercrews. Welche Berufsgruppe wird in diesem Jahr jubilieren? Wer schafft die Strecke in weniger als 43 Sekunden? Wer gewinnt den Preis für die originellste Besetzung?

● Restaurant Porto Vecchio, Rudergesellschaft Speyer, Im Hafenbecken 11, 67346 Speyer, Tel. (0 62 32) 62 01 01, www.portovecchio.de, www.rg-speyer.de
● ÖPNV: Bus 567, Haltestelle Schiffergasse

FV DUDENHOFEN
7

Bitte ein Bitzler!

Ackermann's Landlädchen in Schwegenheim

Die Speyerer sind verwöhnt. Sonnenverwöhnt. Frischgemüseverwöhnt. Denn Speyer liegt im größten zusammenhängenden Freiland-Gemüsegarten Deutschlands. Frischer als vom Bauernhof nebenan wird's also nicht. Zum Einkaufen geht man einfach auf die Dörfer, zum Beispiel ins 10 Kilometer entfernte Schwegenheim. Das Dorf besticht durch schmucke Bauern- und Fachwerkhäuser. An den Hauswänden wachsen rosa blühende Rosen empor und grüne Weinblätter herunter. Linden mit üppigen Kronen flankieren und beschatten die Hauptstraße. Traktoren tuckern zum nahe gelegenen Acker und zurück. Das 3500-Seelen-Dorf hat alles, was man für ein erfülltes Landleben braucht: (Streu-)Obstwiesen, Gemüse- und Erdbeerfelder, Gasthäuser, Weingüter, Metzgerei, einen Reiterhof – und Ackermann's Landlädchen.

Wie offene Arme breitet der Landwirtschaftsbetrieb mit Hofladen seine Tore aus. Die Ackermanns und ihr Team ackern gern für ihre Kunden. Und die fühlen sich beim kurzen Schwätzen gut beraten und versorgt mit der frischen, bunten Ernte: Große Behälter mit Alexandra oder Belana, den Pfälzer *Grumbeere* (Kartoffeln), warten auf ihren Einsatz für die Großfamilie. Kiloweise Elstar, Gala, Pinova oder Rubinette übertrumpfen sich gegenseitig im Geschmack. Im Frühling duftet es nach Erdbeeren, Salat und Frühlingszwiebeln, im Herbst liegt ein orangegelber Kürbisfilter über dem Dorfladen. Im Winter spenden große Bälle Wirsing, Rot- und Weißkohl Vitamine. Man kann sie sich sogar hobeln lassen. Hauseigene Apfel- und andere Obstsäfte werden in Flaschen, roter und weißer Bitzler (neuer Wein) in 2-Liter-Kanister abgefüllt. Aus großen Mengen werden kleine Freuden: Im Innenraum des Landlädchens geht das Sortiment weiter mit Pfalz-Produkten, zum Beispiel mit handgemachtem Handkäs, Mehl und Müsli-Toppings von der Kügler Mühle (Siebeldingen), eingelegtem Gemüse und Brotaufstrichen von Heike (Mutterstadt) oder Speiseölen vom Berghof Einöd. Beim Essen spürt man noch die Sommersonne und die Liebe, mit der sie verarbeitet wurden.

TIPP

Lokales Biogemüse und frisches Fleisch erhält man im Mechtersheimer Hofladen im Nachbarort.

- Ackermann's Landlädchen, Hauptstraße 77, 67365 Schwegenheim, Tel. (0 63 44) 93 99 95, www.ackermanns-landlaedchen.de
- ÖPNV: Bus 507, Haltestelle Schwegenheim Lindenplatz

Stellt blöde Fragen!

Weinprobe im Küwé

Was haben eine Modeberaterin, ein Gastronom, ein Lehrer und eine Umweltwissenschaftlerin miteinander zu tun? Sie alle *hocke* an einem Abend am schönen Holztisch im Küwé gemütlich zusammen. Die bis dahin Unbekannten werden sich sowie den Wein, den sie verkosten, in den nächsten Stunden kennenlernen. Und wie! Doch bevor der Wein die Bühne beim Weinevent im Speyerer Küwé bekommt, stellt sich der jung-dynamische Küwé-Gastgeber André Golfier vor – und zwar als „zugelassener Schlucker". Der ausgebildete Winzer und studierte Önologe hat beste Kontakte zu Highscorern, Underdogs und Newcomern der pfälzischen Weingüter, für die er gearbeitet hat. Seit 2021 betreibt André seine Weinhandlung mit Wohnzimmerambiente. Statt Porsche und Posing will er „Normalos" Wissen und Wein vermitteln. Deshalb sind Weine sortiert nach „Geht immer", „Fers Esse", „S' Beschde" und „Vun auswärts".

In fünf Getränken bringt André Infotainment und Feierlaune rüber. Erste Lektion: Eine Sektflasche mit dem Säbel köpfen. Schon nimmt André napoleonisch Aufstellung und den Champagnersäbel oder ein umgedrehtes Weinglas in die Hand, reibt an der Flaschennaht und … der Korken fliegt durch den Raum. Applaus! Der Flaschenhals ist sauber abgeschnitten – der erste Cremant Brut Nature kann in die Gläser fließen. Entertainer André bittet seine Weinschüler um „blöde Fragen" und Klischees. Ist Champagner immer aus der Champagne? Wie lang kann man Wein lagern? Wie ist das mit den Holzfässern? Ist Wein vegan? André klärt über Temperatur, Säure und Polyphenol auf. Doch wie in der Schule merkt die Kurzzeitklasse schnell, wer immer was sagen will. Nach einem überraschenden Riesling will André die letzte Reihe auseinandersetzen. Nach dem Cuvée lacht, babbelt und schwenkt der Tisch die Gläser. Zwischendurch eine Scheibe Baguette, bestes Olivenöl und neutrales Salz. Bei der fünften Kostprobe steht fest: Das war wie Klassenfahrt. Danach geht man weinschlauer nach Hause, fröhlicher sowieso.

TIPP

Den Alltag feiern: sich im Küwé oder am Tischchen draußen einen Feierabendwein gönnen!

- Küwé Wein und Events, Roßmarktstraße 1b, 67346 Speyer, Tel. (0 62 32) 6 84 84 82 www.küwe.de
- ÖPNV: Bus 507, 562, 563, 564, 565, 568, 572, Haltestelle Postplatz

küwé
WEIN

Dickes Dankeschön an meine Speyer-Insiderinnen und -Insider Katrin, Carsten, Tine und Simon (auch für die Pfälzisch-Nachhilfe) sowie Newcomerin Hija de la luz. Und auch zum dritten Mal hab ich's nur mit Team Walter geschafft.
Ihr seid mein Glücksort!

Bibliografische Informationen der Deutschen Nationalbibliothek
Die Deutsche Nationalbibliothek verzeichnet diese Publikation in der Deutschen Nationalbibliografie; detaillierte bibliografische Daten sind im Internet über http://dnb.d-nb.de abrufbar.

Konzeption/Satz: Droste Verlag, Düsseldorf
Einbandgestaltung und Illustrationen: Britta Rungwerth, Düsseldorf, unter Verwendung von Bildern von © Fotolia.com: jd – photodesign.de; © iStock: Plociennik Robert
Fotos: Steffen Beck/MeinEvent: S. 135; Claudia Berger: S. 127; Black Stork Braumanufaktur: S. 13; Tine D.: S. 109; Eismanufaktur Englert: S. 35; Gemälde Margarete Stern: S. 111; Goodspaces Rheinvilla: S. 37; Katrin H.: S. 63; Peter Haag-Kirchner/HMP Speyer: S. 143; Norbert Herbel/RGS: S. 163; Jan Hillnhütter/Nadine Bub: S. 107; Brent Hofacker/stock.adobe.com: S. 165; Thimo Höffner/Weinstube Eulenspiegel: S. 133; Moritz Jung: S. 51; Kaufladen Speyer unverpackt: S. 45; Konditorei Christmann: S. 91; Eva Korn/Mara Kreativstudio: S. 87; Küwé: S. 167; Klaus Landry: S. 67, S. 151; Rudolf Lange/Wolke 7: S. 61; Lindner Hotel & Spa Binshof: S. 43; Hija de la luz: S. 73, S. 89, S. 103; Rainer Moster/Sux Restobar: S. S. 105; Gerd Pappenberger und Niklas Schaub/Media:TOR: S. 125; Nadja Pentzlin/City & Quest: S. 33; Peter Sämann/Gospelchor Lingenfeld: S. 57; Schmidts Deli: S. 119; Schulmanufaktur Burgfeldschule: S. 21; Spiele Cosmos: S. 153; J. Sprengart/Patisserie Chocolaterie Sprengart: S. 123; Technik Museum Speyer: S. 101; Erik Thuro/Blatt & Blüte: S. 17; Klaus Venus/Stadt Speyer: S. 39; Weltladen Speyer: S. 95; Yvonne Wittmann/EDEKA Stiegler: S. 161
Alle anderen: Katja Edelmann
Textlektorat: Birgit Knape, Mainz

Druck und Bindung: LUC GmbH, Greven
ISBN 978-3-7700-2416-2

www.droste-verlag.de